UN VIAJE Á ASTURIAS

ALFONSO PÉREZ NIEVA

UN VIAJE

Á

ASTURIAS

PASANDO POR LEÓN

MADRID
LIBRERÍA DE VICTORIANO SUÁREZ
48, Calle de Preciados, 48.
1895

© de la presente edición
   del 2024:

Editorial MAXTOR
   Fray Luis de León, 20
   47002 Valladolid (España)
   +34 983 090 110
   pedidos@maxtor.es
   www.maxtor.es

I.S.B.N. 978-84-1171-049-7
depósito legal: DL VA 269-2024

AL PROFUNDO Y FÁCIL ESCRITOR

ALFREDO S. DE LA ESCOSURA

Mi querido amigo: Estas humildísimas notas de viaje son sencillamente un himno á Asturias, entonado por uno de sus más entusiastas admiradores. Quiero, pues, colocarlos bajo la égida de un hijo del país, ya que hasta cierto punto yo no lo soy; y digo hasta cierto punto, porque sobre considerármelo de corazón, algo hay de asturiano en mi sangre, teniendo en cuenta que mi abuelo paterno nació en la Frecha, parroquia de Saoares, ó sea en el Principado.

Soy de V. siempre su buen amigo y compañero,

Alfonso Pérez Nieva.

LEÓN

I

Noche de verano.—El segundo chocolate.—Que
no entraba en el programa.

I

NOCHE DE VERANO

Jamás me ha parecido la aurora tan sonriente como en este viaje á Asturias. Y es
que el alba en la presente ocasión no es la
luz, es el fresco. ¡Qué noche de calor! Yo
sabía lo que era una tempestad, pero ignoraba lo que era caminar dentro de ella. En
mis albores literarios, en esos años cursis
en que la imaginación se desboca, he pedido muchas veces las alas á la tormenta; la
casualidad me las ha concedido al fin, pero
las que yo creía de águila no pasan de abe-
jorro, y hago una hipérbole.

Poco mas allá de Venta de Baños comen-
zó á enrarecerse el aire y á sentirse el bo-
chorno; el compartimiento se trocó en un
hornillo y los primeros relámpagos hendie-
ron las sombras. Pero la tempestad no estalló; contentóse con rugir sordamente y

rugiendo por lo bajo, sin truenos ni lluvias
nos ha acompañado toda la noche, ilumi-
nando de cuando en cuando el yermo paisaje y bañándonos la frente de sudor. Ha sido
una tormenta muda, que no ha abierto la
boca, pero que nos ha fulminado á miradas.

Un rayo de luz entra al cabo en el coche.
¡Dios le bendiga! La dulce claridad muestra
á uno y otro lado de la vía filas de apreta-
dos y altísimos árboles que parece que echan
á correr y se forman en hileras al sentir el
silbato de la locomotora. Diríase que están
algo desgreñados. Los hemos sorprendido
durmiendo. No hay duda que se acerca una
capital. Atravesamos los muelles de una
gran estación. Locomotoras, fraguas, mon-
tajes: son los talleres del ferrocarril del
N. O. Héla ahí. Solitaria y gris por lo intem-
pestivo de la hora. Dejamos que el convoy
continúe; nos desayunamos con el clásico
soconusco, y acomodándonos en un desven-
cijado calesín, allá va el molido cuerpo camino de la fonda, por un ancho paseo orillado de gigantescos y soñolientos álamos.
La impaciencia tira de nuestras miradas
por las ventanillas. Huertos, prados, alamedas espesas, muchas frondas. El vehículo
se detiene. Hemos llegado al alojamiento,

que se enclava en otra avenida con acacias
y con aspecto de arrabal. La ciudad se hunde por el fondo. Bajémonos sin ruido para
no despertarla. ¡Buenos días, León!

EL SEGUNDO CHOCOLATE

Todos los huéspedes de la fonda duermen aún. ¡Es claro! Acaban de dar las seis
de la mañana. Provisionalmente nos alojan
en cualquier cuarto para que nos aseemos.
Mientras me llega mi turno, aguardo en un
largo corredor con vidrieras que da luz á
varias habitaciones del hotel y que cae á un
jardín. ¡Deliciosa sorpresa! Apoyado en el
alféizar, y á los primeros resplandores del
día, descubro á mis pies un cercado, que
más que jardín es huerto, pobladísimo de
frondas, jardín á la española con cierta fisonomía de selva en pequeño. Entre los tonos verdes del arbolado, llámanme la atención multitud de varas de alborotadas mal-
vas locas, y un albaricoquero cargado de
fruto maduro; á la derecha se alza la casa

á que pertenece el jardín, con puerta practicable que dicen los autores dramáticos en sus obras. Por aquí y por allá andan picoteando algunas atrevidas gallinas, libertad que da al sitio un tono agreste y de pueblo.

Un señor anciano sale en estas de la casa. Es el dueño. No le conozco, pero lo sé porque va en traje desaliñado, con un pañuelo de lana blanco liado al cuello, y porque anda como el que está en terreno propio. Pero ¿dónde se dirige? Toma por un caminillo y se sienta en una plazoleta ante un velador. ¡Ah! Una mujer, la sirvienta quizás, baja á su vez los tres ó cuatro escalones de la puerta de la finca, y trae á su amo en una bandeja un chocolate. Va á desayunarse. El sol se convida y tiende sus primeros rayos tibios sobre el huerto, encendiendo las malvalocas, dorando los albaricoques y jugando con el agua de la copa compañera del soconusco. Hay tan tranquilo sibaritismo en la frugal comida, revela un gusto tan plácido y tan suave, una existencia tan sosegada y escondida, que la envidia me muerde de un modo formidable. ¡Mis ideales! ¡Son mis ideales! ¡Ignorado mortal que trasciendes de tí una dicha sin tormentas, ya que no puedo participar de tu banquete matutino, te deseo buen provecho y muchos chocolates en la misma paz! Y ahora despejemos la imaginación enardecida en la jofaina.

QUE NO ENTRABA EN EL PROGRAMA

Todas las rutas nos son indiferentes, todos los caminos iguales. Ninguno conocemos la población ni queremos guías: ya saldremos á alguna parte. Rápidamente consulto mis apuntes. No cabe vacilar. La preferencia á la catedral, á la joya leonesa. Tomamos por la primera calle que surge al paso, y en seguida salta á la vista un edificio monumental. Pero al irnos á enfrascar en su examen, acierta á pasar por nuestro lado una montañesa con un cántaro de zinc en la mano.

La mujer debió de llevarse un buen susto, porque antes de que pudiera percatarse de ello, encontróse rodeada por todos nosotros. Gracias á que la mayoría de los asaltantes eran señoras. No llevaba vaso ni medida. ¿Qué importa? Enfrente había una tienda de bebidas; pedimos una copa, y olvidando de momento ojivas y catedrales, abrimos el alma entera al infinito placer, sólo comprensible para los madrileños, de bebernos cada uno un cuartillo de leche pura.

II

La catedral.—Por fuera.—El templo desnudo.

II

LA CATEDRAL

Desembócase por una calleja y surge de pronto en el centro de una gran plaza, rodeada de una lonja con verja. Todas las casas del recinto son vetustas y venerables, armonizando con la catedral que las preside. El lugar es como me le había imaginado. Un edificio moderno desentonaría aquí horriblemente. Por fortuna, la renovación de la ciudad no ha llegado aún á la vista de su histórica fábrica, y la época permanece indeleble é inalterable, dando al sitio una acentuadísima fisonomía vieja, llena de augusta simpatía.

La casualidad, artista ignorada que muy pocos conocen, y en la que casi nadie se fija, ha dispuesto las cosas de modo que la catedral se descubra bruscamente toda ella. En otras poblaciones, antes de llegar á su recinto, vislúmbrase algo de su traza; cuando menos, alguna aguja de sus torres. Aquí se vuelve la esquina y se la encuentra uno esperándole.

Esperándole, sí; no retiro la frase; y no se tilde de presuntuosa y soberbia; esperándome, porque no me espera á mí, Fulano de Tal, sino me espera á mí, viajero que paso por el término donde se enclava; me espera á mí, español y á más castellano, que tengo el deber de ir á postrarme ante unos muros sagrados que han sido mi cuna histórica; me espera á mí, amante de las artes, llena de revelaciones y de enseñanzas. Y el augusto edificio se alegra ¡vaya si se alegra! cuando se le visita. No hay más que salir de esta calleja á la plaza, como yo lo hago, ahora, y se verá sonreir su piedra amarilla, herida por el sol de la mañana, con esa sonrisa agradecida de la ancianidad siempre que alguien la dedica piadosamente un instante de atención. Los olvidadizos son muchos; los bien memoriados pocos. No me cabe duda que cada vez que el venerable templo oiga el silbato del tren y no distinga luego alguien contemplándole, experimentará la tristeza de todo el que se cree con derecho á una cosa que no se le otorga. En cambio ¡qué regocijo al descubrir unos anteojos de turista fijos en sus cresterías y en sus calados! ¡Extravismos de la mente! ¡Parece que todas las gárgolas dicen que sí á lo que pienso! ¿Y por qué no? ¿Es que las catedrales no tienen alma?

Para mí, una catedral es un antepasado, que en vez de dormir con su generación en el cementerio, se mantiene enhiesto por los siglos de los siglos, para recuerdo ‘de la época que lo levantó. Todas me inspiran, por ende, profundo respeto, pero pocas como ésta, porque ésta es la de León, la de la antigua corte, la de la primitiva patria, la atropellada por los árabes, la erigida piedra á piedra entre el estruendo de las armas, la que edificó Ordoño II cediendo su palacio, en la que se coronó Emperador Alfonso VII, la que asaltó Almanzor en sus correrías. ¡Oh, vieja catedral de los tiempos grandes de la reconquista, que no sólo has celebrado en tus naves, sino que te has defendido á hierro de los infieles muslimes! A tí se te admira como á tus otras hermanas, pero además se te quiere.

POR FUERA

Desde luego, desde la primera mirada,
sin tiempo para apreciar detalles, impónese
su gallardía suprema, su gran esbeltez. Dos
torres finísimas, amarillentas, y un rosetón
blanco: hé aquí lo primero que se ve hasta
que los ojos se orientan. El hermoso edificio muestra al observador su frente y uno
de sus costados. Hoy es cuestión de un segundo llegar de la puerta principal á la del
lado de Oriente, y, sin embargo, el arte ha
empleado en recorrer el corto trayecto varios siglos. Los sillares de la fachada Norte
los puso de una vez la fe impetuosa y viva
de los héroes de la reconquista, la fe «del
corazón»; los de la del Este fueron la obra
lenta de otros tiempos que pudieran llamarse de la fe reflexiva, en que no se es-
grimía ya el acero sólo por la cruz. Unas
torres amarillas y un rosetón blanco: una
página elocuentísima de la historia para el
que sepa leer en la piedra.

La amplitud de la plaza permite distin-

guir bien la configuración del edificio. Nada
tan gallardo como la profusión de arbotantes que une torres y estribos á la nave mayor. Es una confusión singular de líneas,
una red de arcos elegantísima, una trabazón de aristas de piedra que dejan innumerables huecos de luz, y que traen á la memoria las joyas montadas al aire. Y por si
tal «engranaje» no fuera bastante para dar
á la fábrica una nota aérea, ahí están las
dos torres altísimas, con rasgadas ojivas,
una rematada en un antepecho trepado que
corona una aguja octógona, y otra, la del
reloj, con riquísimos botareles, y en su cúspide una elegante aguja de una labor tan
primorosa que resulta de encaje. Jamás la
blonda, símbolo de la suma delicadeza, poseyó filigranas mayores que estas dos in-
comparables hechuras, la segunda singularmente, de un ignorado cincel de la Edad
Media.

La catedral se halla en restauración. Un
complicado andamiaje impide contemplar el
pórtico con desahogo. Metiéndose por entre
las vigas de soporte, aparecen nuevas bellezas de buril. Una galería de ojiva aboce-
lada cubre las tres puertas, hoy cerradas
por la obra, de triples arcos concéntricos

gallardísimos y apuntados, y con un ejército de estatuitas en las arquivoltas. Merece
citarse entre ellas una reina con espada y
balanza, bizantina de factura, que presidía
en el siglo XIII los juicios de apelación; la
mayor parte de las figuras están mutiladas.
No así la imagen de mármol de Nuestra Señora de la Blanca, situada en el portal del
centro, que es una escultura de suavísimo
encanto. Dos altos estribos, rematados por
templetes exágonos, flanquean los demás
cuerpos de la fachada, en la que luce un
amplio rosetón central hermosísimo.

El ático es del Renacimiento, con un
frontón triangular y una balaustrada, vis-
lumbrándose en él la obsesión de lo gótico,
el deseo de armonizar las nuevas tenden-
cias con el hermoso estilo primitivo de la
fábrica, elocuente *mea culpa* de un gusto
enorgullecido con razón de poseer los verdaderos principios de la estética, y que á su
pesar se inclina ante lo aéreo de lo gótico,
creado para encerrar las oraciones de una
religión espiritualísima que tiene por uno
de sus inmortales principios el de soñar con
el cielo.

Habría para estarse un mes apreciando
detalles, siguiendo con la vista las preciosi-

dades que el cincel ha dejado en los muros,
escudriñando estas muchedumbres de santos de granito, estas flores de piedra. Estatuas rudas bizantinas, estatuas suaves góticas, reinas con admirables ropajes, prelados con espléndidos hábitos, apóstoles
graves, vírgenes místicas, las líneas vaci-
lantes del siglo XII, las más decisivas
del XIII, aquí un relieve del juicio final,
allí una hilera de ángeles, doseletes, pedestales, estrías, arquivoltas, el acanto, el
cardo, los pámpanos, cuanto la imaginación ha producido en su afán de expre-
sar con toda espiritualidad una idea, vése
esparcido en el area inmensa de la fábrica, en el pórtico de la fachada principal, en el crucero de la lateral derecha, en
los ábsides de las espaldas, en donde quiera
que los ojos se claven. ¡No, no! Imposible
precisar, imposible describir. La obra de
muchos siglos, elevada por varios gigantes,
no puede pintarla un pigmeo en un minu-
to. Echemos, pues, la última mirada amo-
rosa al exterior, y penetremos en el templo, humillados ante tanta grandeza.

EL TEMPLO DESNUDO

Penétrase por la portada del crucero, y
como la restauración mantiene el interior
desnudo, se goza de la gallardía de las naves en toda su plenitud. Yo no recuerdo
nada más aéreo que estas columnas altísimas agrupadas, de una delgadez inverosí-
mil, que suben siempre trazando arcos y
ojivas, que atraviesan uno y otro cuerpo
de la iglesia prolongándose, que trepan hasta las bóvedas, que no pierden la vertical
que tomaron desde su arranque. Si fuera
posible quitar la techumbre, de seguro que
las pilastras continuarían ascendiendo; hay
algo en ellas de alado y sin límites. Calcú-
lese ahora la majestad de un recinto constituído por tal pureza de líneas.

El estilo del templo es gótico, pero la
arcada de la capilla mayor y los pilares del
ábside tienen en sus capiteles huellas bizantinas. Una arquería simulada corre á
lo largo de los muros, y sobre ella, en un
corredor con pretil de finos relieves representando angelillos, se abren grandes ven-

tanas ojivales tapiadas, con cristales de colores en los vértices y en los rosetones que
los cierran. La nave principal constitúyela
una galería con agudas fenestras partidas
por columnitas y chapetas de cuatro hojas
en su remate. Todo este exorno, sin embargo, con su gran atractivo, resulta como os-
curecido por la belleza de las pilastras, belleza de construcción, intrínseca, por la
hermosura de la línea, descollando siempre
con su simplicidad y su pureza.

Colosales vidrieras de colores con figuras de tamaño natural, del siglo XV en su
mayoría, atenúan la luz libre; magnífica
página de la historia de la cristalería, pues
las ventanas ocupan toda la altitud de los
muros que las contienen. Llaman la atención en la puerta de entrada un antiguo
cuadro que representa el entierro de Cristo, colocado sobre el dintel, y una adarga
viejísima, acerca de la cual corre entre las
gentes la conseja de que es el corazón de un
topo. ¡Reminiscencias de edades rudas en
que la leyenda teñía de rojo las mentes!

El trascoro, con su gran arco artesona-
do con el árbol genealógico del Salvador,
es plateresco, hermosa pieza, pero anacró-
nico; como el de la catedral de Córdoba,

desentona. Allí le ofenden los árabes arcos
de herradura, aquí extraña su riqueza junto
á la sencillez de los pilares. Su altura rebasa
bastante de las arcadas laterales. El retablo
del altar mayor es de lo más delirante y
barroco, y á los dos lados del sagrario se
distinguen los sepulcros de San Froilán,
Albito y Pelayo. Un ábside pentágono bellí-
simo, con capillas hoy desmanteladas, limita
este presbiterio, al que dan luz varios huecos cerrados por verjas. No he podido examinarlas despacio una por una; la que he
contemplado con más sosiego, merece el
dictado de hermosa muestra de cerrajería.

La sillería del coro es una buena obra
de gótica talla. Tiene detalles lindísimos, cabezas de personas y de animales entre ellos.
El asunto de casi todos los relieves es profano y más que profano. Ejemplo. Un galán
descolgándose del balcón de su amada por
una cuerda, ó subiendo á ver á su dama, que
es difícil averiguar si el artista ha represen-
tado la escena *antea* ó *post* de la erótica
entrevista. No me parece, sin embargo, esta
sillería de lo más atrevido, por lo menos
por lo que se puede apreciar en una ojeada.
En nuestro Museo Arqueológico consta la
del antiguo Monasterio del Paular con una

serie de pasajes bajo sus cresterías, representando el Pecado original, que no un velo, sino un espeso cortinón reclama. Un encanto accidental ofrecen estos asientos.

El polvo de la reconstrucción, posándose en los relieves, hace resaltar las figuras y adornos de brazos y respaldos, dándoles una suavidad singular y blanqueándolos. Sin duda que las filigranas de la madera sobresaldrán más limpias, pero perderán la dulce patina adquirida en un día y otro de trabajo, la blandura que ahora poseen sus contornos y que las hace parecer ligeramente nevadas.

En el trascoro, en el reverso del retablo mayor, distínguese el sepulcro de Ordoño II, gótico florido de una riqueza llena de elegancia y de severidad. La estatua yacente del Rey, fina y delicada, se descubre sobre la tumba, apoyada la cabeza en dos almohadones. Su ornamentación forma un complicado grupo. Dos leones sostienen el arco simbólico que constituye el nicho del sarcófago, y en sus cúpulas se ven dos ángeles y dos cabezas una de un Obispo y otra de una Reina; tres Apóstoles coronan la cúspide; el de en medio destacándose sobre un escudo con corona real y un león en

su único cuartel. En el fondo del nicho descuella una escena del Calvario y un Jesús
en actitud de platicar. En el blasón del frontis, en la inscripción, en las agujas laterales, en los mil detalles, brilla el oro.

Pasado el crucero, divídese el templo
en cinco naves: la principal, las dos laterales, la del Nacimiento del Salvador y la de
Nuestra Señora del Dado, en la que se en-
seña una imagen de la Virgen con un niño
en brazos, el que, según la tradición, fué
herido por un jugador poco afortunado en
momentos de pérdidas, brotándole la sangre al Jesús al recibir el golpe del cúbito
de marfil. En la capilla hay, con efecto, unos
relieves que representan varios tahures con
el cubilete en la mano.

Una palabra al singular aspecto que el
templo ofrece á la plena luz. Yo no había
visto ninguna catedral en restauración, ó
mejor dicho, en restauración desprovista
ya de andamiaje, porque á la memoria me
acude la joya sevillana, de la que apenas
pude distinguir algún trozo del techo entre
la jaula de vigas que sostenía sus bóvedas
enfermas. A mi juicio, no hay arte que cua-
dre á las dulzuras misteriosas del catolicis-
mo como el gótico, y no entra por poca par-

te en esta consonancia la penumbra, que es
el ambiente apropiado á la ojiva, y que la
hace más fina y aérea, más aguda, «más
infinita». Esta claridad que entra á rauda-
les en las naves construídas para la sombra, las daña, pues, bajo el aspecto místico,
pero en cambio muestran una nueva belleza
que no les permite lucir bien la oscuridad:
la arrogancia suprema de sus pilares, que
parecen aspirar á tener el cielo por techumbre.

III

Gárgolas y arbotantes.—El claustro.

III

GÁRGOLAS Y ARBOTANTES

Faltaba algo á la excursión. El muchacho que nos guía, facilitado por la amable
consorte del conserje Verduras, nos brinda
á dar una vuelta por los tejados. ¿Qué di-
jiste? ¿Subir á ver de cerca los simpáticos
arbotantes del edificio, sus gárgolas extrañas? Pues ¡ya lo creo! arriba.

Pero, ¡oh terribles enseñanzas de la vida, que surgís doquiera inesperadamente!
¡Oh años de mozo y de alfeñique, que os
fuísteis para no volver! ¡Oh buche insolen-
te, muerte de todas las ilusiones! El guía
empieza á meternos por una serie de pasi-
llos y angosturas imposibles. Muy bien para
Antonia y Rosario Fabié, camaradas de excursión, delgadas y esbeltas; muy bien para
mi costilla Elena, ágil; pero muy mal para
Amparo Soriano y para el director y jefe

del viaje, que suscribe, que, «á lo peor», no
caben por donde el diantre del muchacho
nos lleva á todos. Yo anhelaba ver despacio
gárgolas y arbotantes, y á fe que realizo mi
gusto, porque con frecuencia un arbotante
ó una gárgola nos detienen á los dos gor-
dos de la jornada hasta que se salva á costa
de un desgarrón la estrechura.

Hay para indignarse, porque Amparo
Soriano, al fin, aunque joven, es viuda y
generala, y á tales alturas sociales, explí-
canse esas y otras libertades del físico; pero,
¿y yo, que no soy ni general ni viudo?

Desde abajo eran hermosos los arbotantes y las gárgolas; desde arriba son hermo-
sísimos. Toda esta trabazón de aéreos arcos
que sostienen las naves, resulta de cerca
firme y recia. Diríase un genio protector,
todo brazos, encargado de sujetar los muros
del edificio. Los desagües tienen una cara
de mascarón satírica y burlesca, que, contemplada junto á ellos, aumenta su defor-
midad, sus narizotas, su bocaza; aquí se oye
su carcajada, que al pie de la catedral se
adivinaba.

La altura es inmensa; produce vértigo.
Todo León surge á nuestros ojos tendido como en un plano de relieve, y ceñido de

frondas, que verdean en el terreno como
rayas en ziszás. En primer término relucen y nos llaman la atención los colores
rojo y amarillo del pabellón nacional. Es
aquí cerca; un tablado, vestido de percali-
na, próximo á una iglesia de espadaña. De
allí salen cohetes, campaneos y acordes de
charanga. Es la fiesta de una parroquia. Y
vuelta á bajar, empresa más formidable que
la de subir, y que al cabo realizamos con
ayuda unos de otros, salvo Antonia Fabié,
que lo mismo anda por un tablón que por el
paso de una calle, y que se gana para el
resto de la excursión el sobrenombre de la
Brava.

EL CLAUSTRO

Quedaba por ver, y no puede prescin-
dirse de su visita, porque, además de su mérito artístico, es lo único, con la capilla de
Santiago, que hoy está en funciones en la
catedral.

Dos épocas arquitectónicas vénse este-
reotipadas en el claustro: una, perceptible
en el acto; otra, después de más detenido

examen. Los muros interiores son góticos,
góticas sus pilastras, desnudas en su total
longitud; góticos los detalles de sus archi-
voltas; góticas las ojivas de sus alas. En
cambio, los arcos que dan luz á los andi-
tos, muestran en seguida su estilo, como
asimismo las bóvedas. Fustes istriados,
pilares de candelabro, friso con mascarones, balaustres con flameros, florones en
las claves de los arcos: Renacimiento puro.

No escasea el claustro en sepulcros, la
mayoría de transición: del bizantino al gótico. Casi todos son de sacerdotes, á juzgar
por las ropas de sus estatuas yacentes. Merece citarse un relieve, el de Nuestra Señora de la Regla, de gran veneración en el
país. La sala capitular ofrece poco de notable. En cambio, es magnífico su acceso. Su
entrada ya atrae: es una ojiva purísima y
sencilla. La caja de la escalera y ésta misma son las dos joyas que aquí se admi-
ran, verdadero monumento plateresco. El
muro de la primera es un tablero de almohadillado, con casetones floridos, de una exquisita exuberancia, y la puerta de la sala
un arco rebajado, con festón de follaje, y el
jarro de azucenas que sostienen dos ángeles, divisa del cabildo leonés. La columna

estriada donde se encaja la escalera, bordada de flores; las ménsulas riquísimas, la barandilla abalaustrada, las estatuas de las esquinas del pasamanos, son detalles de una magnificencia artística que asombra.

El culto de la catedral dáse hoy en su capilla de Santiago. Se necesita todo el mérito arquitectónico que ésta posee para sobresalir por valor propio junto á las grandes bellezas de la santa fábrica. Y sobresale. Sus tres amplias bóvedas, sus arcos salientes, sus trepados y cornisas, sus pilares descansando en las espaldas de inclinados mascarones, originalísimo sustento, sus relieves de una minuciosidad de figuras pasmosa, su retablo de piedra, que es un bordado al realce, hacen de la capilla una joya. Y adrede dejo para lo último su excepcional hermosura, las pintadas vidrieras de colores, de enorme tamaño, como que cogen toda la altitud de los muros.

El espíritu, obsesionado por el arte viejo, se siente fatigado y un poco sombrío, como con ganas de respirar el aire libre. Ahí está el claustro. Al salir al patio, cinco ó seis monaguillos de roja sotana prenden fuego á las hierbas secas del piso, presidiendo la operación tres ó cuatro capellanes

de oscuras ropas talares. De pronto tocan á
reunirse á vísperas, y el montón grana y
negro se precipita en tropel por la gótica
puerta de la capilla, mientras una golondri-
na, asustada por el humo, vuela á refugiar-
se en el desmochón de una gárgola ruinosa.

IV

San Isidoro.—La cripta de la basílica.—El palacio real.

IV

SAN ISIDORO

A la entrada de la verja un grupo de pobres clásicos, pardos, de zurrón. Los sillares de la fachada rojos, con una venerable patina de antigüedad. Las salientes de los adornos de piedra con ese tono negro de los años, obra del polvo y de la lluvia. ¡Simpática fisonomía de iglesia!

Imposible hacerse cargo de la fachada en un solo vistazo; hay en ella mucho que observar, bien que constituye toda la longitud de un costado, dividido en tres partes por dos recios estribos. Entrantes, salientes, ángulos, recodos; aquí descuella la capilla principal, allí se destaca el crucero, y coronando semejante irregular belleza se alza la cuadrada y rojiza torre, severa y grave, rematada en un gallo, y también con ventanitas de dobles columnas. Desde luego se advierte en la traza del edificio su sabor románico. Lo acusan así los arcos semicirculares de su puerta, los de sus ventanas ajedrezadas, los capiteles de sus columnas, los relieves y estatuas de sus frontis, el liso campanario. Pero como en otros centenares de templos, cada generación aportó su óbolo al legado de los siglos anteriores, y llegó el Renacimiento, rematando la portada en un áureo ático con pilastras platerescas y con una hermosa cornisa al pie y colocando en su cúspide la estatua ecuestre de San Isidoro. El tímpano muestra un antiguo relieve bastante bien conservado; representa el sacrificio de Isaac. Quizás es de un carácter más típico, sin embargo, el del Descendimiento de la portada y las estatuas de San Pedro y San Pablo, erguidas á ambos lados de la puerta, como asimismo dos figuras de santos descansando sobre dos cabezas de toro. El erudito D. José María Quadrado clasifícalas como pertenecientes al siglo X. Consérvase un ábside redondo curiosísimo, con fenestras tapiadas de esbeltas columnitas, una columna de rico capitel adosada al muro desde el piso al alero, y unos canecillos primorosos.

¡Ah! Se me olvidaba un detalle singular.

En el ático resalta el escudo de Carlos V. Siempre el Emperador germánico presente en todos nuestros monumentos, como queriendo eclipsarlos con su nombre, como anhelando dejar sentado su poderío junto á ellos á los ojos de la posteridad. En la mezquita de Córdoba, en la Alhambra de Granada, aquí. ¡Pueril vanidad de tan grande hombre!

Gallardísimo interior y esbeltas naves de plena cimbra. Detalle singular de sus arcos: son de curva arábiga. ¿En León, en el corazón de aquella Monarquía indomable, heredera de la fundada en una cueva por Pelayo, en la propia ciudad de Alfonso el Católico, en una época de lucha á muerte entre la media luna y la cruz la simbólica herradura? Quédese para el historiador tal misterio, si lo es. Pilares de cuatro columnas sobre zócalos redondos sostienen las altas bóvedas, que, como todas las iglesias notables de España, no han escapado al bárbaro embardunamiento de la cal. Las ventanas ajedrezadas, el crucero de festón y más bajo que la techumbre de la capilla principal, el coro en alto, la pila bautismal románica, el cuerpo del santo en una urna de plata sostenida por cuatro leones y erguida en el altar mayor. Estos restos son muy venerados de los leoneses. Rara es la rodilla que aquí no se ha doblado alguna vez ante las santas cenizas.

Aben Abed, Rey de Sevilla, devolvió las venerandas reliquias á Fernando I, que alzó el edificio que hoy subsiste en el mismo lugar en que se enclavó el primitivo fundado por Alfonso V en el siglo XI. Por entonces, dice la tradición que sudaron agua muchos días las losas próximas al altar de San Isidoro, anunciando la muerte de Alfonso VI, Rey caballeresco y romántico.

LA CRIPTA DE LA BASÍLICA

Un sacristán nos invita á visitar el panteón de los Reyes. Es decir, yo supongo que será un sacristán, por que con su sotana negra y raída, cayendo á plomo de los hombros, sin acusar cuerpo alguno, y su rostro, que no es tal, sino una calavera con ojos y gafas, más bien parece una momia escapada del panteón que se dispone á enseñarnos. Decididamente, no debe uno de forjarse nada *à priori*. Iba á poner el pie en el lugar de reposo eterno de los Monarcas, de las Reinas, de los Infantes leoneses, en el mismo recinto donde se posaron las de tantos Reyes paladines de la cruz, rindiendo acatamiento á sus antecesores muertos, allí donde las cenizas de todos los Soberanos compartieron durante los siglos las soledades del último sueño; era un lugar augusto, y no había imaginado una cripta subterránea y sombría, con húmedo ambiente, con muros renegridos, oscura, pesada, austera, con los tonos rudos de aquella época de hierro. En vez de ello, me encuentro con una cámara de varias bóvedas sustentadas por dos macizas columnas de ricos capiteles, y tres ó cuatro más empotradas en la pared. El techo es bajo y ostenta unos ricos frescos de gran mérito arqueológico. Un doble arco con verja abierto al claustro da luz á la estancia. Doce enormes sepulcros cuadrangulares distínguense desparramados por la silenciosa morada. Únicamente de los de Alfonso V, de su hermana Doña Sancha y del Infante D. García puede atestiguarse la autenticidad. Los demás mausoleos fueron saqueados por la soldadesca

francesa en la guerra de la Independencia,
y las cenizas de los insignes muertos se
confundieron y mezclaron. Grave y serio el
lugar, pero no imponente. Una joya arquitectónica que despierta admiración, y que
hace pensar más que sentir.

Distraen los detalles del buril, y se necesita un esfuerzo imaginativo, evocar en
la memoria las hazañas de cuatro ó cinco
generaciones de Soberanos, para que el espíritu se fije en las urnas de piedra. En la
cripta de la capilla Real de Granada se
contemplan los sepulcros de Fernando é
Isabel al débil resplandor de un cirio, y al
palpar el plomo de la tapa, un súbito calo-
frío corre por las venas y arranca un estre-
mecimiento.

Aquellas dos tumbas escuetas é infor-
mes, sin una inscripción, rodeadas de sombra, me resultan más imponentes que estos
sarcófagos de exquisita labor é inundados
de claridad. Unos y otros son igualmente
grandes, pero echo aquí de menos el ambiente solemne que rodea á los de los Reyes
Católicos. Cuestión de escenografía.

El claustro es del Renacimiento, con bóvedas y medallones, en los que se perpe-
túa la memoria de las Princesas que allí

están enterradas, labrando su busto. El arco
del panteón, que recibe la luz claustral, hállase cerrado por una enorme verja.

EN EL PALACIO REAL

La fachada principal de San Isidoro da á
una plaza en la que crece la hierba, y en
el centro de la cual se alza una fuente de
servicio público. Casas bajas y vulgares
constituyen el perímetro del lugar con la
basílica. Nada que revele lo que fué el sitio,
nada que haga entender su egregio destino
en los albores de la Edad Media; y, sin embargo, estamos en el solar de lo que fué
morada de los primeros Reyes de León, testigo presencial de sangrientos sucesos y de
jubilosas fiestas.

Fué aquí, ante esta verja, desde donde
contemplo la plaza. Las lluvias de muchos
siglos han lavado las piedras en que apoyo
los pies; pero quizás esas sombras que en-
negrecen la losa son la mancha que dejó
indeleble para siempre la sangre de un crimen. El hierro de los glóbulos rojos, dicen

los químicos. La traición que queda estampada, digo yo. Alboreaba un día del mes en que las flores se visten de largo. Las campanas de San Isidoro, lanzadas á vuelo, pregonaban por toda la ciudad la nueva de una dicha y convocaban á los honrados leoneses para recibir dignamente al que había de disfrutarla. El enlace del Conde castellano García, á la sazón imberbe mancebo, con la dulce Sancha, hermana de Bermudo III, estaba concertado como prenda de futura concordia entre Castilla y León; el adolescente había venido á su capital presunta á entrevistarse con su amada y se dirigía á pedir la protección divina al entonces templo de San Juan Bautista, después variado en su advocación. Los tres hermanos Rodrigo, Íñigo y Diego Vela, que para eterno baldón suyo ha conservado sus nombres la historia, aguardaban emboscados ante la iglesia, y abriéndose paso á la fuerza, el joven Príncipe cayó acribillado á puñaladas por ellos, por los mismos que poco antes habíanle fingido acatamiento besándole la mano.

Un siglo después, de nuevo las campanas de San Isidoro volvían á alborotar en la torre, pero entonces se mezclaron á sus tañidos ecos no de muerte, sino de alegre y marcial trompetería. Alfonso VII habíase coronado Emperador, y por las ventanas de su palacio escapábase el bullicio del banquete conmemoratorio en que los magnates ejercían de escanciadores y mozos en una mesa á la que asistía la flor de la nobleza del Reino, presidida por el Monarca, aún no desposeído del manto y de la corona imperial de oro, ceñida por la mañana en la catedral; 13 de Mayo era por filo cuando los Velas asesinaban al infortunado García; 26 de Mayo rezaba el calendario cuando Alfonso VII agregaba á su clásico y tradicional título de Rey el más pomposo y magnífico de Emperador. El mes de Mayo tiene por ende derecho á un lugar preferente en la historia de León.

Apenas habíanse extinguido los recuerdos de la coronación imperial, nuevas fiestas se celebraban en este lugar mismo: las de las bodas de García de Navarra con Urraca, la hija del Soberano leonés. Eran entonces los mejores tiempos del palacio regio, vecino de la basílica. A sus puertas mismas se alzó el trono de oro y terciopelo, y ante él tañeron cítaras y tocaron flautas los más nobles villanos de la ciudad, y cantaron y

bailaron aldeanas y campesinos, armándose
justas y derribos de toros por los caballeros de la corte, todo lo cual presenciaron
los novios y su suegro con grandes muestras de complacencia y regocijo.

Todo pasó; todo no es ya más que un recuerdo perpetuado en una crónica de perga-
mino amarillo por los años y cubierta de polvo, que sólo algún sabio ojea. El palacio y el
templo eran dos vecinos que se estorbaban
materialmente por escasez de lugar, y mo-
ralmente porque las mundanas magnificencias del uno chocaban con las piadosas hu-
mildades del otro. Acaso porque lo com-
prendió así, derribó Fernando el Santo la
mansión regia, haciendo donación del solar
á la basílica isidorense y ordenando que
fuera siempre plaza para que no le qui-
tara la vista. Ocho siglos atrás, soldados
con toscas vestes y ferrados cascos reirían
aquí con las villanas, aunque no junto á
ningún chorro, sino en el amurallado patio del edificio, como ahora ríen con varias
mozas de cántaro, á las que piropean á la
vez que llenan de agua dos barricas, seis ú
ocho *números* del 36 de línea que guarnece
á León. ¡Ineludible y triste sucebilidad de
las cosas humanas!

V

San Marcos.—Algo de ayer.

V

SAN MARCOS

Enclávase al Oeste de la ciudad, fuera
del arrabal de Renueva, al extremo de una
sombrosa avenida orillada de grandes álamos. El Bernesga, en esta sazón con muy
poca agua, lame uno de sus costados y se
aleja luego por la frondosa campiña. Su fachada principal cae á la carretera, y trayendo la retina llena de las sencilleces de lo
gótico y de las severidades de lo bizantino,
producen singular impresión sus dos cuerpos de profuso ornato, platerescos, el bajo
con ventanas de medio punto y el superior
con balcones cuadrilongos, rematados uno
y otro por un cornisamiento con gárgolas y
un calado antepecho. Tales promiscuidades
de estilos revelan un espíritu influído por su
tiempo, pero enamorado de la ojiva, el que
sin duda murió antes de concluirse su obra,

no respetando su plan sus sucesores. Ni más
ni menos que lo que hoy sucede con nuestros ministros. Así en el fastuoso conjunto,
que despierta con justicia la admiración,
como en muchos de sus detalles, verbigra-
cia, en las pesadísimas columnas del segundo piso se descubren, contemplados despacio, las primeras palpitaciones del chu-
rriguerismo. Hay elegancias exquisitas: el
frontis, juntas á fealdades barrocas: los balcones.

El pórtico de la iglesia es de lo más grandioso que he visto hasta ahora. Si estas cosas se pudieran clasificar matemáticamente,
le asignaría el número dos, que el uno se
lo concedí ya al patio del palacio de Carlos V en Granada, obra á la que ninguna otra
iguala en majestad. Un arco soberbio de
medio punto sirve de entrada al amplio portalón, abierto entre dos hermosas torres
sin concluir. En ambos lados ofrécense dos
nichos platerescos: el de la derecha con un
relieve que representa la Crucifixión, y el
de la izquierda el Descendimiento. Conchas
clavadas en las enjutas revelan el primitivo
destino de la casa iglesia. Una balaustrada
de piedra finísima, tras la que se abre una
claraboya circular en un frontis, rematan el

pórtico, en el fondo del cual vense dos arcos superpuestos, el inferior rebajado. El exorno de todo ello, de una magnificencia suprema, acusa las fastuosidades del Renacimiento.

La portada del convento no le va en zaga á la de la iglesia en punto á magnificencia. Un arco semicircular de entrada, orillado por cuatro altísimas y gallardas columnas con un relieve que representa al apóstol Santiago acuchillando moros, sobre el dintel de la puerta, un ático fastuoso y pesado, un frontis elegantísimo, con rosetón, y de coronamiento la estatua de la Fama.

Hoy está convertido el edificio en museo arqueológico, y su iglesia carece de culto; es una «iglesia fría», por supuesto enjabelgada bárbaramente; no faltaba más. El templo es de cruz latina, con una nave de cinco arcadas en el brazo principal, pilares bocelados, bóvedas con labores de crucería, ventanas semicirculares con vidrios de colores y arabescos, y ricos púlpitos y amplias capillas. Merecen citarse la sillería del coro, obra del maestro Doncel, y la sacristía, de Badajoz, y olvidarse dos altares inconcebibles colocados en el coro mismo por los jesuítas y escolapios que sucesivamente han habitado el edificio.

Una magnífica portada con relieves en el arco de paso, tres estatuas en tres nichos y una afiligranada y plateresca ventana, se abre en el brazo derecho del crucero. Salgamos á los claustros.

Si hermosas son fachada y pórtico, no lo resultan menos ellos, constituídos por dos órdenes de arcos de medio punto, los primeros oblongos con estribos, los segundos con medallones en sus enjutas, uniéndolos un doble friso con cabecitas de ángeles é insignias de la Orden. La piedra jugosa y no granítica, amarilleada por el tiempo, presenta ciertos tonos de cera virgen, semejanza que completa la blandura con que el cincel ha labrado bloques y pilares. Es uno de los trabajos platerescos más finos que conozco. Los calados, los capiteles, las repisas parecen hechos á molde, no á buril. Una filigrana. El cuádruple ándito sirve de lugar de instalación á varios objetos del museo provincial de arqueología, hoy alojado en San Marcos. Lápidas con inscripciones, sepulcros venerables, estatuas de alabastro, prelados en actitud de orar, instrumentos, fragmentos de losas. Es singularísima y ex-

traña la tumba de una romana, formada por
un prisma de tejas y ladrillos superpuestos. El cadáver mostraba aún al ser descubierto una arracada de oro en perfecto estado de conservación. El adorno femenil
había sobrevivido á la belleza que contri-
buyó á ensalzar. En una de las salas del
museo puede verse esta arracada bajo el
cristal de una vitrina.

ALGO DE AYER

Un día fué San Marcos humilde asilo de
los peregrinos que iban á Compostela. No
tenía entonces gárgolas artísticas ni ba-
laustradas suntuosas; pero los devotos, á los
que lanzaba su fe por los caminos con el
bordón y la esclavina salpicada de conchas,
encontraban un techo bajo el que guarecer-
se de las ventiscas invernales. Aquí pasa-
ban la noche, aquí cobraban nuevas fuerzas,
y al amanecer otra vez carretera adelante
con el pensamiento en el apóstol. El piadoso, el caritativo edificio, rival luego del de
Uclés, del que se hizo cargo Suero Rodrí-

guez en 1173, no existe ya; el actual lo
mandó elevar sobre sus ruinas en 1514 Don
Fernando el Católico, no concluyéndose
hasta 1715, en que se terminó parte de la
fachada. Sus mayores magnificencias arquitectónicas datan de la época del Emperador
Carlos V. Por ahí andará su escudo. En este
edificio tuvieron su residencia principal los
caballeros de Santiago, y en su iglesia
duerme el sueño eterno el primer maestre
de la Orden.

Caritativo asilo de peregrinos, albergue
suntuoso de los caballeros santiaguistas: hé
aquí las dos nobles aspiraciones, á las que
debió su origen este edificio. Lo que segu-
ramente no entró jamás en el propósito de
su restaurador, fué el que sirviera de cár-
cel á nadie. En la torre de las campanas y
en su segundo cuerpo enséñase al visitante
un desmantelado cuarto que el guía señala
como prisión de Quevedo, cuando fué desterrado de la corte el cáustico ingenio por
haberle atribuído el burlesco y famoso me-
morial al Conde-Duque de Olivares, apareci-
do un día en palacio como por ensalmo, sin
saberse quién lo introdujo en el alcázar. El
docto catedrático D. Policarpo Mingote, nie-
ga que éste sea el lugar de reclusión del

gran satírico, apelando á la descripción que
el mismo poeta hace de su encierro en carta á Adán de la Parra, y de la que con efecto más parece referirse el vate preso á una
mazmorra.

Cuatro años mortales permaneció aquí
encerrado Quevedo, cuatro años destilando
gota á gota en el reposo y en la soledad la
indignación posada en su alma. Sus más
brillantes creaciones, sus sátiras más profundas, brotaron acaso en su mente en estos
solitarios días del ostracismo, primero en
su habitacioncita abrigada de que él mismo
habla, en la que los grandes álamos de la
ribera del Bernesga, despertando su melancolía, traeríanle á la memoria, con las tris-
tezas de la tarde, las nostalgias de la coronada villa, los del no olvidado Manzanares,
en su calabozo insano y lúgubre después.
Espíritu indomable de acero, saltaba más
lejos cuanto se le doblaba con mayor fuerza. Salió de su encierro envejecido, pero no
domado.

Esperaba algo más que indicios de su estancia en San Marcos, el libro en que leyera,
el tintero del que brotaran sus cáusticos versos. Nada. Ni siquiera se sabe cuál fué el
lugar de su encierro. El olvido absoluto.

VI

Las murallas leonesas.—De palacio en palacio.

VI

LAS MURALLAS LEONESAS

El deseo de recorrer la catedral en lo posible alrededor de su perímetro, me las muestra de pronto. Métome al azar por una puerta de túnel, que resulta la del Obispo, y me encuentro ante ellas. Sigamos la calle de Serradores, para verlas despacio. Ya lo merecen. Alzáronlas los soldados romanos de la séptima legión, para defensa de su campamento, y ahí están sobreviviéndoles con la firmeza de cuantas obras ha legado el gran pueblo á la posteridad, después de trascurridos muchos siglos y de resistir innumerables embates de los infieles.

Acaso las de Tarragona les ganan en antigüedad; su cimentación por lo menos data de los tiempos míticos; pero éstas de León, siquiera no de tanto mérito arqueológico,

resultan más atrayentes para el artista.
Consérvanse en su primitivo estado buen
número de cubos ceñudos y ariscos, de vieja
piedra, que el mucho tiempo· hace parecer
más venerable, veteados de hierbas pará-
sitas, y entre ellos, adheridos á los entre-
paños como moluscos á las rocas, vénse
varias casitas de gente pobre, con sus teja-
dillos humildes, verdirrojos, y algún ma-
tajo bravío, que brotando entre las grietas
del muro ha encontrado muy cómodo agarrarse á una chimenea. El contraste es singularísimo. Hay aquí algo de mutuo convenio, pactado Dios sabe cuándo, entre las
casas y los muros. Las casas han debido
decirles á los muros: «ustedes han pasado; no les perjudicamos en nada; déjen-
nos apoyarnos en sus bloques»; y los muros
contestaron quizás: «con mucho gusto.» Y
así viven en la mejor armonía, amparando
siempre á alguien estos antiguos sillares
que un día miraron cara á cara á Almanzor.

Sólo que aquí se repite el caso de la hie-
dra, que engañando á cualquier ramita cándida y joven, una vez agarrada, concluye
por apoderarse del árbol entero. Las casitas contiguas á la puerta del Obispo, serias
y formales, cumplen su convenio al pie de

la letra; pero más lejos, á uno y otro lado
de la citada, hacia lo que hoy es plaza del
Conde de Luna, las humildes viviendas han
asaltado la murallas y erguídose encima.
¡Triste debilidad y pasajero poderío de las
cosas de los hombres, por virtud de los cuales, unos matacanes construídos para la
guerra han venido á servir de cimientos á
varios tranquilos hogares de familias pobres! ¡Resistieron los formidables empujes
de los astures, resistieron los asaltos de los
árabes, y no han podido resistir á unos
cuantos jornaleros del campo, que por sí
mismos se alzaron sobre el torso del muro
sus viviendas! El ratón venciendo otra vez
al león.

DE PALACIO EN PALACIO

Recorrer al azar una de estas ciudades
históricas es honda dicha, sólo comparable
á la de que le dejen á uno revolver á sus anchas en un archivo. Aquí se descubre un
misal de los tiempos medios, con iniciales
góticas sobre fondo de oro; allí un infolio

con viñetas de colores en las márgenes;
allá el libro de horas de tal Monarca; acullá la
crónica de tal reinado; ya un palimpsesto,
ya un incunable, ¡qué sé yo! Un placer igual
se experimenta vagando por las calles y de-
teniéndose ante los edificios de las viejas
poblaciones. Sus casas antiguas son sus per
gaminos.

El León monumental es verdaderamente espléndido. Demás de los tres edificios
que le dan fama, hállase el turista á su paso con un palacio cada cien metros. La misma calleja por donde desemboca á la plaza
de la catedral, ofrece tres ó cuatro juntos. Hé
aquí, constituyendo una esquina, el de los
Guzmanes, grande, macizo, severo, con
severas torres en sus ángulos, una bella arquería en su piso segundo, y una serie de
rejas y barandillas trabajadas en frío, que
son de lo más afiligranado que ha producido la cerrajería del siglo XVI, sobre todo
la reja, balcón y ventana de medio punto
del ángulo. Tiene la casa, hoy Gobierno ci-
vil, un precioso patio plateresco. Hace jue-
go con esta morada otra no menos ilustre y
vecina á ella, la de los Marqueses de Villa-
sinta, sólida y recia, con balcones con rema-
tes triangulares.

De lúgubre memoria es esa otra vivienda señorial con gótico portalón, sobre el que corren tres arcos encerrados en una aguda ojiva, que descansan sobre columnas bizantinas por su capitel y con afiligranado patio que es un tesoro de alicatados. Aquí, en la más suntuosa de las habitaciones del palacio, en el retrete de su noble dueño, y á sus pies, fué muerto á puñaladas el Obispo Vergara por los deudos del Tesorero de la catedral, Fernando Cabeza de Vaca, á quien el Prelado acababa de hacer asesinar alevosamente por sus criados en un banquete. Estamos ante la morada solariega del Conde de Luna.

El palacio obispal, severo y sencillo; el Seminario, desnudo de adornos en su fachada; las casas capitulares, antaño palacios de la Puridad, con un cuerpo inferior, con arcos, dórico y un atrio con el escudo imperial, sí, señor, en su segundo cuerpo, jónico de estilo; el Consistorio, del siglo XVII, antiguo palco de los regidores que presidían justas, toros y cañas desde sus balcones, con su Plaza Mayor de soportales; el Hospital, serio y grave; la iglesia de San Marcelo; la capillita del Cristo de la Victoria, enclavada en el mismo sitio donde vivió este santo y centurión. Quién sabe los edificios históricos que nos vamos encontrando en nuestra visita por las tortuosas calles de la ciudad. Y á todo esto, nadie nos estorba en nuestra exploración, no se ve un alma. Alguna negra silueta de canónigo que va á vísperas, alguna roja mancha de oficial de infantería que se dirige al cuartel. Las jóvenes leonesas, que las habrá, ¿dónde no existen?, deben de vivir aquí ahogadas por la grandeza muerta de su capital silenciosa del pasado. Satisfecho el interés artístico, invade el ánimo una melancolía que abruma. La hora del anochecer es por acá triste como en ninguna parte. Diríase que la población se queja. Y motivos tiene para suspirar, al verse olvidada y caída la que fué corte, y ha dado su nombre á un Reino y su simbólico león á la figura de la Patria. Aquí nació el mártir cristiano Marcelo; aquí Guzmán el Bueno, el héroe de Tarifa; Aquí Suero de Quiñones, el del puente del Orbigo; aquí Juan de Arfe, el Benvenuto Cellini español; aquí se dió el primer grito de independencia en 1808, y, sin embargo, sólo visitan la población cuatro amantes del arte. ¡Triste ingratitud!

Un detalle curioso. A pesar de su aislamiento, los adelantos de la civilización han llegado á esta vieja ciudad, y las calles en que aún parecen resonar las pisadas de hierro de los infanzones, hallánse alumbradas con luz eléctrica. El sol de la justicia ha lucido, por fin, para León, con hacerla capital del séptimo cuerpo de ejército, que de derecho le correspondía; el sol de la ciencia ilumínale ya de noche; sólo le falta otro tercer sol que le deseo fervientemente: el de la prosperidad.

ASTURIAS

VII

El vestíbulo del puerto.—Carbón y rocas.

VII

EL VESTÍBULO DEL PUERTO

—Usted cree que exagero porque lo desconocido fascina y no deja ver el peligro; pero yo que recorro este trayecto con frecuencia, que me lo sé de memoria, tiemblo cada vez que las circunstancias me obligan á tomar el tren. Son 59 túneles sólo en el puerto, la mayoría en declive y en curva; es un desnivel de 478 metros, salvados por pendientes de 2 por 100. ¡Nada, que no sucede una catástrofe porque la Providencia no quiere, compadecida de los viajeros infelices!

No sé hasta cuándo hubiera continuado sus lúgubres augurios mi locuaz camarada de compartimiento, de no haberle interrumpido yo con esa familiaridad que nace en ruta entre personas que no se conocen, preguntándole:

—¿Qué son esas bocas que se ven ahí
en la falda de la montaña?

Mi interlocutor miró, y un poco extra-
ñado de que no me hicieran mella sus no-
ticias alarmantes, contestó encogiéndose de
hombros:

—Son minas hulleras.

Pasábamos por entre La Robla y Pola
de Gordón á la media velocidad de nuestras
dos locomotoras, que, como decía el viajero
pesimista, iban haciendo coraje para la subida del puerto. La suerte nos favorecía.
A la salida de León algunos celajes entol-
daban el horizonte. Según se avecinaba el
medio día, despejábase el cielo, y al dejar
las agujas de la primera estación, eran las
diez y media de una mañana serena y limpia. El paisaje forma por aquí un estrecho
valle, limitado por cadenas de montes que
coronan grandes manchas de hayas y castaños, y se halla tan cultivado, que no se
descubre en él un metro de baldío. Bancales
de maíz, huertecillos con frutales, prados
de cañuelas para el pasto, regajos que bri-
llan al sol, y multitud de caseríos hundidos
entre vegetación. La vía describe luego una
pronunciada curva, se reune á la carretera
y al río, que avanzan juntos por la izquier-

da, el terreno se accidenta y las bocas negras se multiplican. Atravesamos la cuenca carbonífera, los dominios de esa sombría deidad moderna, que tiene en sus manos la vida de la humanidad sobre el planeta y que se llama la hulla.

Nada más triste que estas bocas negras resaltando en la riente vegetación. Si cuantos las ven con curiosidad ó indiferencia desde el blando almohadillado del coche de primera ó de la berlina cama, con la mano pendiente muellemente del colgadero de la ventanilla, pudieran comprender lo que esas bocas significan, se estremecerían de espanto. Ellas se tragan todos los días una muchedumbre de trabajadores, que son los verdaderos condenados de la sociedad.

Su desgracia es horrible. Cuando bajan por el pozo fatídico, ignoran si tornarán de nuevo á la superficie. Si la costumbre no les hiciera entrar con indiferencia, se despedirían con lágrimas en los ojos de sus hijos antes de descender. Todos los demás obreros manejan su pico á la luz del sol. Ellos desempeñan su cometido en atmósferas enrarecidas, en la humedad, en la penumbra que apenas desvanecen las lámparas; en las galerías profundas, donde las horas son

dobles, son eternas, en las que se deja poco
á poco la vida y la juventud y la alegría.
Y ¡suerte espantosa! Todo ese suplicio lento; todo ese martirio del que su alma anhela
librarse, que les mata; toda esa esclavitud,
es el pan de sus familias y el suyo. Son víc-
timas, y para comer tienen que seguir sién-
dolo. ¡Feroces estrecheces del hambre!

CARBÓN Y ROCAS

El tren se detiene en una estación: Ci-
ñera. A un lado de la vía, un poco más alto
que ella, entre empalizadas, distínguese
como un muelle de tablones, del que parten
varios ramales estrechos, que se pierden en
la distancia entre los árboles. Larga hilera
de vagonetas semejantes á grandes arteso-
nes, y sostenidas por ruedas muy pequeñas, obstruye á la sazón uno de estos ramales. Las empalizadas, las vagonetas, el
muelle, la tierra, hasta las frondas están te-
ñidas de negro. La atmósfera misma es oscura y densa. Poco antes, en la falda de los
montes, surgieron las bocas de las minas,

términos de una ecuación que aquí resuelve
la incógnita. El muelle negro es un cargadero de carbón.

Bruscamente cambia el paisaje. El tren
se entra por un desfiladero estrecho, en el
que á duras penas hay sitio para la vía, el
río y la carretera; es un verdadero calle-
jón, en el que no se atreve uno á asomar
fuera del marco de la ventanilla. Terraple-
nes altísimos, hondas trincheras, taludes
abiertos en la roca, picos espantables, un
desgajamiento terrible en la peña viva, producido por el barreno, y todo esto salvado
por siete ú ocho túneles y 14 ó 15 puentes
de hierro tendidos sobre la corriente mansa. Es un trayecto corto, diez y siete minutos de ferrocarril, pero diez y siete minutos
bravos, feroces, de luz cernida, entre dos
paredes que constituyen dos hacinamientos
de gigantescos cuarzos, respirando el humo
de la máquina que se aploma en el hueco
que dejan libre los vagones.

La silueta plutoniana pasa pronto, y por
Villamanín salimos á un hermoso valle de
copiosos pastos para los ganados trashuman-
tes. No es más que un paisaje de respiro.
Al frente se ve un gran pueblo, otro en una
falda, á la derecha, lejos, dos más en un ha-

cinamiento de caprichosas rocas. Una ermita en una cumbre, un establecimiento ter-
nal junto á la carretera, y entre túnel y túnel, oleadas de yerba. Pero la verde campiña apenas consigue borrar la impresión cau-
sada por el desfiladero. El viajero locuaz lo
conoce, y me dice entonces sonriendo con
lisura:

—¿Ha visto usted la garganta de Ciñe-
ra? Pues salvo los panoramas, es la sinfonía
del puerto.

VIII

De Busdongo arriba.—El balcón de Pajares.
Yendo y viniendo.

VIII

DE BUSDONGO ARRIBA

Tenía razón el viajero lúgubre. El paso del puerto es una cosa tremenda, es una travesía de equilibrista, sin otra red que el abismo. Cada kilómetro que el tren gana es un triunfo conseguido sobre la catástrofe, que tira hacia abajo. Pero lo grandioso del espectáculo bien merece la pena de estre-llarse.

Como en los Gaitanes, el terrible paso de la Penibética entre Bobadilla y Alora, camino de Málaga, el tren salva estas fra-gosidades del Pirineo, que defienden la en-trada de Asturias como un topo: por dentro de tierra. Empieza á marcarse cada túnel en la guía con una rayita de lápiz para sumar-las luego todas. ¡Imposible! A los diez mi-nutos van tantos, que se pierde la cuenta. El paisaje sólo se ve á repentinos deslumbramientos. Casi entera la ascensión de la montaña se realiza en las tinieblas, apenas desvanecida la oscuridad por el reflejo de la lámpara del coche, entre el horrísono martilleo de su trepidación, aumentado por el eco de la bóveda. De pronto se sale á la luz, y atropelladamente se meten en la retina los mil accidentes del terreno: desfiladeros profundísimos que se pierden en lo hondo, valles contemplados á vista de pájaro, pueblecitos de casas liliputienses, trozos de carretera que parecen senderos, y de ríos que la distancia convierte en arroyos, torrenteras, ramblazos, bosques, todo empequeñecido por la altura. Y aún no se han fijado bien los términos del panorama, cuando la locomotora se hunde de nuevo en el seno de la cordillera borrando el cliché.

Desde Busdongo es todo cuesta arriba, con intermitencias de descensos. En seguida encuéntrase la vía con el Bernesga, salta sobre él dos veces por dos firmes puentes de hierro, y se entra en el túnel más largo de la línea: en el de La Perruca. No hay ninguno en la Península que le iguale en longitud: 3.000 y pico de metros. Se anda y se anda por él, y no se llega nunca á la salida. Llégase á temer que el tren se

haya perdido, que esté uno condenado á no
volver á ver la luz. ¡Este, este es el tremendo, —dice el viajero lúgubre;— vamos
descendiendo por una pendiente vertigino-
sa! ¡Una rueda que flaquee, y á la eternidad!
Huele á humo de carbón de piedra y á humedad, y se ven gotear las paredes del subterráneo. Encima tenemos nada menos que
los montes de Bombiellos, Verdes, Canto de
los Pobres, el Bernesga otra vez, y el Dul-
caladueña.

Espanta el considerar lo que sucedería
si estas montañas que gravitan sobre nosotros se desplomasen, ó los ríos que sobre
nosotros corren anegaran la galería por
donde vamos. ¡Astucia sublime de la ciencia! Ni el agua, ni las rocas saben que un
gusanillo que se llama el hombre, las ha
horadado las entrañas, y aunque lo supie-
ran, nada podían contra él. Hay un genio
invisible que nos protege: el equilibrio.

El agudo silbo de la locomotora repercutiendo de valle en valle ha reemplazado en
estas breñas horadadas por el túnel de la
Perruca á la caritativa campana. En la cumbre de la montaña que atravesábamos, álzase aún la bizantina colegiata de Arvas, ori-
ginaria del siglo XII, protegida de los Re-

yes de León, que en ella solían pasar en la
meditación y el ayuno los cuarenta días de
la Cuaresma, y fundada, como la alpina de
San Bernardo, para albergar á los caminan-
tes perdidos entre la nieve. Antaño regían
el convento monjes agustinos, y el aquilón
piadoso tocaba toda la noche avisando, dando alientos á los extraviados, con el fin de
que se orientasen. Hoy cuida sólo de la
vieja fábrica un pobre cura, bien avenido
con sus soledades, con las puertas de su
señero albergue abiertas cristianamente á
todo el que llega, y el bronce consolador no
suena en la sombra.

¡Al fin! Los pulmones comenzaban á pedir misericordia, el espíritu á sentirse invadido por el pánico. ¡Pero aún no había pasado la hora del susto! Apenas fuera de la Perruca, el tren parece que va á precipitarse
en un barranco, lo sortea y se mete en otro
túnel, y luego se encuentra con otra hondonada, y luego con otro túnel, y luego, ¡qué
sé yo! luego se rinde uno, se cierra la inteligencia á la más mínima observación, se
deja la mente arrastrada por el vértigo, y
no se sabe nada hasta que cesa de súbito
todo ruido; el convoy se detiene, la voz de
un mozo de estación grita: ¡Pajares!, y en

el absoluto silencio que reina de pronto, sólo
se oye el resuello de las dos máquinas que
respiran con el resoplido jadeante del que
se ahoga de cansancio mientras apagan su
sed cargándose de agua.

EL BALCÓN DE PAJARES

Dos minutos de parada que convidan á
estirar las piernas. La estación hállase enclavada en la cima de un monte, y á un lado
del andén desciende una rampa defendida
por un pretil con barandilla de hierro. Magnífico balcón que está convidando á aso-
marse.

El espíritu, ansioso de contemplar el
paisaje con alguna quietud, se reconcentra
por completo en los ojos. Una cadena de
altísimas montañas cierra por todas partes
el horizonte, y abajo, al pie de la cuesta
que sube á la estación, en una hondonada,
junto á la carretera, se distingue un montón de agrupadas casitas con sus hórreos,
sus bancales de maíz y su iglesita de espadaña. El barranco se prolonga de frente, y
allá se van por la angostura el camino y en

el fondo su inseparable la corriente de agua. Los estribos de la cordillera negrean; tan espesas son las manchas de arbolado, y donde quiera que se mire, se descubren profundos ramblazos, un oleaje de frondas que la distancia inmoviliza según se aleja, espesuras salvajes y medrosas en las que se adivinan las solitarias guaridas de los osos y los sombríos rincones de los rebecos. La nota del lugar es grandiosa, de una hermosura imponente, pero dulcísima.

Tres ó cuatro viajeros contemplamos el paisaje apoyados de pechos en la barandilla del pretil. Con nosotros desciende del vagón una extraña turista que me arranca instintiva exclamación de asombro. Es una mujer arrogante, estatuaria, casi desnuda, apenas cubierta por albos velos, con una cabellera blanca como las azucenas, tendida por la espalda, sin que por eso el terso rostro lleno de juventud revele más allá de los veinticinco años. El contraste entre su fresca cara de rosa y su madeja de pelo, rival de la espuma, es singularísimo. La beldad advierte mi embobamiento, clava en mí unos ojos melancólicos que atraen, y exclama con voz suave:

—¿Cómo me has descubierto? Yo soy invisible para todos. Sin duda eres poeta, porque sólo los poetas me ven. Ahora no puedo nada, gracias á que me dejan andar de aquí para allá refrescando la atmósfera; el sol, mi eterno enemigo, me domina; pero vén por acá en el invierno, te enseñaré el puerto bajo una lluvia de copos blancos que lo sepulta, y te llevaré á mis palacios que están allí enfrente, en los riscos del Pico de las Nieves.

Veráslos entonces. Esas orgullosas locomotoras tan audaces, apagados sus fuegos, vencidas y presas, los trenes cercados por masas infranqueables, las diligencias volcadas, los pueblos hundidos bajo los aludes, los caminos desaparecidos, las alturas niveladas, el ábrego barriendo y bramando, y de que mis hijos los huracanes cesan de soplar una calma de muerte, un reposo aterrador, todo blanco y mudo, el oso que sale de su guarida hambriento, los buitres que vuelan sobre las casas en ruinas, el cárabo que gime entre las jaras. ¡Esa es mi época grande!

—¿Quién eres?—le dije atónito.

—¡El hada de las ventiscas!

—¡Viajeros al tren!—gritó el mozo de la estación. Corro á mi departamento, sin cui-

darme de nadie; ya á buen recaudo, me
asomo á la ventanilla, y allá lejos, en la
lontananza, distingo una cosa blanca que
mis camaradas dicen que es un pico de la
montaña, y que yo sólo advierto que es una
mujer de pie sobre una roca. Es el hada
que nos ve marchar.

YENDO Y VINIENDO

Indudablemente los viejos Pirineos no
se percataron de las artimañas del ferrocarril hasta que se lo encontraron por las alturas de Pajares, y comprendieron que
aquél monstruo negro, cuya cabeza echaba
humo, venía á destruir su salvaje independencia, abriendo á todo el mundo el paso.
Quisieron entonces impedir que la locomotora continuara, hacerla retroceder, y de
aquí el salto atrás que la obligan á dar desde Malvedo, ya tarde, porque cuando menos
lo piensa la cordillera, sálese el tren por el
primer valle asturiano silbando alegremen-
te al verse libre de los abismos, y dejando
con un palmo de narices á la montaña.

Si accidentado se ofrece el terreno hasta Pajares, pasada su estación, verdadero
nido de águila, es todavía más abrupto. Los
trozos libres en que no se camina por las
tinieblas de los túneles, son vertientes inmensas con pueblecillos á lo último, ba-
rrancos y cascadas de las que no se ve el
término, masas infinitas de hayas y castaños. Es una de las notas más atrayentes
del puerto: la amplitud de sus horizontes.
No hay nada cortado, todo se ofrece en panorama.

Pero lo singular de este trayecto es la
ruta vacilante de la vía, que describe mil
curvas sin ganar un paso, que tan pronto
sigue hacia el Norte como retrocede al Sur,
como se va al Oeste, como horada un monte por la cima en una dirección y luego
cruza el mismo cerro en dirección opuesta
por otro túnel abierto bajo el que atravesó
primero. Veinticinco kilómetros avanza
hasta llegar á Malvedo, y de pronto se
arrepiente, retrograda próximamente dos
leguas, desanda lo andado por diverso
sitio, y casi torna hasta cerca de Pajares,
contemplándose en esta retirada desde el
tren los sitios por donde se acaba de pasar.
Al cabo, sorteados cuantos obstáculos opo-

nía el terreno, la línea toma en derechura
al Noroeste. Esos dos intrépidos carriles de
hierro, eternos camaradas que no se sepa-
ran nunca, que trepan á las mayores alturas, han vencido á la naturaleza, burlán-
dose de sus fieros abismos. Pero no cabe
duda, esta empresa no la han realizado los
hombres: es obra de titanes.

IX

Desde Puente los Fierros.—Verde y negro.

I X

DESDE PUENTE LOS FIERROS

¡Salve Asturias, rincón sonriente ale-
grado por el caramillo de Titiro, valles
suaves como los de las Geórgicas, campiñas
verdes que sois una égloga de Virgilio reci-
tada por la Naturaleza! ¡Yo os saludo desde
el compartimiento y abro los poros de la
cara á vuestras brisas cargadas de aromas
de heno, y el alma toda á vuestra dulce pla-
cidez!

La decoración ha cambiado por completo. Con Puente los Fierros se despide uno
de la cordillera, de los tajos, del vértigo, y
el tren sosegado y tranquilo toma por una
vega que es toda ella un huerto que no se
acaba nunca. Alguna hondonada, algún túnel de tarde en tarde. Los últimos escon-
drijos de la montaña, pero rápidos y breves,
sin nada de espantoso. Lomas cubiertas de

hayas, castaños y robles, limitando siempre los valles que se suceden unos á otros, y un engranaje de praderas naturales cuajadas de tapices de bromos forrajeros á punto de hoz.

A primera vista adviértese la subdivisión que por aquí alcanza la propiedad. Multitud de caserías alternan con los pueblos. A cada kilómetro ó menos se descubre una casita con su hórreo al lado, erguido sobre postes, sus recuadros de maíz amarillo, y sus copudos manzanos. Algunas viviendas humean; cerca de otras pastan dos ó tres vacas que vuelven la cabeza para vernos pasar. Y esta nota se repite y se repite sin agotarse nunca, pero sin que canse. Maíces, manzanos, casitas, todo desperdigado por el terreno, salpicado, sin orden, todo suave, sencillo, patriarcal, de una dulzura suprema.

El río y la carretera continúan su viaje juntos, unas veces á la derecha y otras á la izquierda de la vía. Con frecuencia los cruzamos por puentes de hierro. Hemos llegado á Campomanes. Hé ahí el lugar de la trágica leyenda, de la vieja historia. Un gobernador de una fortaleza, el Conde Fruela Ramírez, una hija suya, la bella Adosinda, prometida de un joven de su familia,

García de Valdés y un extranjero que salva la vida del anciano Conde en una cacería. Después el enamoramiento de la doncella, la seducción por parte del extranjero y el abandono, retirándose la deshonrada á una gruta en lo hondo de un monte, quizás en ese que estoy viendo desde la ventanilla. El extranjero era Sancho el Mayor de Navarra. Tiempos después atravesaba estos breñales en peregrinación á Oviedo; siguiendo á un jabalí se mete en una cueva y se encuentra en la que sirvió de retiro á su amada, que en ella duerme el dueño eterno. Su hermano y su desdeñado pretendiente desafían al monarca, ávidos de venganza; el soberano no acepta, los prende, escápase su rival, muere el hermano asaetado, y tres horas después el mismo rey sucumbe atravesado por una flecha del que logró evadirse, «pagando así en Campomanes el crimen cometido en Pajares.»

El Lena. Pola. Desde el coche se distingue sobre una colina la ermita de Santa Cristina, famoso residuo del arte del siglo IX, fundada por Ramiro I. Una garganta sombría y ceñuda: Ujo. Entre los árboles de ambas vertientes asciende algún plano inclinado que trepa por el monte. El terreno desarruga su momentáneo entrecejo y torna á abrirse. A lo lejos suben al cielo columnas de espesísimo humo negro. Es una fundición. Estamos en Mieres.

VERDE Y NEGRO

Es un paisaje flamenco, de una singular pastosidad de tonos, de una blandura de color extraordinaria. El follaje de los árboles es de terciopelo, las masas de hierba de las praderas son de raso. El verde da la nota con una profusión tal, que hasta la mayoría de los troncos hállanse recubiertos por la humedad de una espesa capa de escabro, y no hay un palmo de terreno que no resulte de esmeralda.

La humedad: hé aquí la gran artista del valle de Mieres. El lugar carece de lontananzas, es largo y estrecho, es una hondura recortada al fondo por colinas que se enlazan, y tan próximas, que se echan encima de la vega. La característica del sitio es el arbolado. Por las lomas trepan ejércitos de robles, de álamos, de hayas; las praderas

tienen un verdadero toldo de nogales y castaños; todos los huertos marcan sus lindes
con filas de frutales. La luz llega al paraje
cernida por entre millares de hojas y tami-
zada; tal exceso de vegetación mantiene en
la atmósfera una bruma continua, y de esta
suerte, casi siempre reina aquí una dulce
claridad misteriosa.

Todo suda, alfombras de mies, copas y
cortezas. La calma es tan grande, que el
humo de la locomotora se queda flotando é
inmóvil, y su pitido suena apagado y sin
ecos. Las nubes hállanse muy bajas; algunas se agarran á los árboles más empinados
de las colinas. El Caudal, un riachuelo pe-
dregoso y murmurante, cruza el valle, y en
ambas orillas se alza el pueblo con sus casas de uno ó dos pisos, oscurecidas por las
lluvias continuas, preparadas sus espaldas
para recibir el embate de los turbiones,
tristes y silenciosas. Un ancho puente comunica ambas riberas. Sobre su torso pasan
los rieles de un tranvía que se prolonga por
un lado.

Allí está la fundición. De repente se ve
el valle invadido por una cerrazón tremenda que lo envuelve todo, y surgiendo de
entre un grupo de grandes naves con te-

chumbres de zinc, suben al espacio diez ó
doce negras columnas densísimas y paralelas de humo de hulla. Otras nubes de humo
blanco brotan aquí y allá, y á trechos res-
planceden inmensas llamaradas rojas que
iluminan y bruñen cuanto les rodea. Ate-
nuados por la trepidación de nuestro tren,
se sienten llegar de allí rugidos de vapor,
estrépito de martinetes, y bajo las techum-
bres de las naves se distingue el ir y venir
de muchas sombras.

Tras del silencio y la quietud que pesan
sobre el valle en su entrada, esta nota de
la fundición, estruendosa y ruda, aterra un
poco. El verde jugoso y húmedo de la vegetación ha muerto corroído por el polvo de
la hulla, por las partículas flotantes del
hierro. Mirando á uno y otro lado parece
más negro el humo, comparado con las praderas de esmeralda que relucen antes y
después. Es un pedazo de infierno en un
paraíso, una legión de condenados á quien
el destino hace vivir en una naturaleza que
sonríe para todo el mundo, menos para ellos.

Ablaña. La cordillera no quiere despe-
dirse, todavía nos hace rodear. Salvamos
por un túnel las asperezas de la sierra y
desembocamos al idílico valle del Nalón. Hé

ahí en una loma el castillo de Tudela, lugar
de la leyenda que antes he relatado, el del
padre de Adosinda. Hasta el siglo XIII fué
asilo de malhechores; por entonces un gue-
rrero asturiano, Rodrigo Alvarez, les des-
poseyó del fuerte nido de sus hazañas.

Las Segadas. Pasamos por un viaducto
de piedra de tres grandes arcos, al pie del
cual se unen el Caudal y el Nalón. El paisaje es soberbio y de tal suerte dispuesto,
que no parece sino que sus efectos están
calculados por un gran artista. Y tanto La
propia naturaleza, á la que no aventaja ninguno. En primer término una urdimbre de
arboledas y caseríos y dos pueblecillos; después lomas y colinas bordadas de copas, una
red de arroyos regando la campiña y cerrando el panorama muros de lejanas rocas.
Tal es el famoso rincón de Soto. Siete kilómetros más y estamos en Oviedo.

X

Oviedo.—Por la ciudad.

X

OVIEDO

Demuestra una vez más la verdad del popular proverbio: crea buena fama y échate á dormir. Posee la facilidad de alojamientos, las comodidades peculiares de una capital de primer orden; tiene una campiña deliciosa y pintoresca, pero carece de mar; la moda no lo ha incluído en su catálogo de residencias estivales, y provocaría la risa el que uno dijera en Madrid: me voy á veranear á Oviedo; y sin embargo, no hay en toda la parte de la región preferida por los forasteros un solo punto que iguale en frescura á la ciudad de Fruela. El cielo permanece casi siempre entoldado; cuando el sol asoma de mañanita, no media el día sin que se oculte, y con frecuencia llueve, manteniendo la atmósfera pura y húmeda.

La máxima temperatura no suele pasar

de los 23 grados á la sombra, y á menudo
baja á los 12 y 20. Pues á pesar de ello, las
emigrantes golondrinas de la costa no visitan la población, sino de paso, las que la
visitan, que la mayoría sigue de largo. Y
al fin, tal desvío en los que no la conocen
resulta disculpable, aunque peque de ligero;
pero el lance es que los ovetenses mismos
se instalan en la costa, donde se abrasan,
cambiando todos los sibaritismos del propio
hogar por las deficiencias y escaseces del
ajeno, siquiera compensadas por el gran
placer de las olas.

Únicamente esta atracción del baño ex-
plica que, de no ir á la montaña siempre
pura, se renuncie á sabiendas á un fresco
seguro por un calor probable como el de la
marina. En fin, esta es una opinión particular, con la que no me propongo sino poner
las cosas en su punto, que la gente de tierra adentro sepa que Oviedo es uno de los
puntos de verano más deliciosos que existen, aunque ni la fama ni las *Guías* se to-
men la molestia de divulgarlo.

POR LA CIUDAD

Al contrario de lo que sucede en León, donde reciben al viajero el silencio y la tristeza, encontrándose de vestíbulo de la ciudad, al extremo de la hermosa carretera sombreada de olmos, las modestas casas de la calle de Ordoño II, en cuanto se traspone la estación de Oviedo y se desemboca en su amplia plaza, escúchase el pito del tranvía y se distingue el principio de una avenida á la moderna: la de Uría, con una sarta de hoteles con jardín á la derecha y varias manzanas de casas de cuatro pisos á la izquierda. Los portales, los escaparates de las tiendas, los letreros de los comercios, los chaflanes de los edificios, recuerdan los de las grandes capitales; sin el tono gris de las fachadas, hijo de la humedad, resultaría un poco del Madrid nuevo.

Al final de la calle y antes de llegar á la de Fruela, distínguese á la derecha un buen golpe de arbolado, bancos de respaldo imitando á junco, candelabros con farolas: es el *Campo de San Francisco*, el Retiro ovetense de los domingos de invierno con música de tropa, uno de los paseos urbanos más amplios que existen, de frondosas alamedas con muros de flores, bien cuidado, pobladísimo, con su hermosa calle principal conocida por el Bombé. Algunos de esos troncos tienen una interesante historia que pudo ser trágica. En 1808, fueron atados á ellos para ser fusilados por el pueblo, los afrancesados Conde del Pinar, Meléndez Valdés, La Llave y otros, salvados, gracias á la serenidad de un canónigo que se interpuso con el Santísimo Sacramento. En este parque existió el célebre carbayón, el *guernicako* de los ovetenses, ya derribado, al que deben su nombre local de carbayones. A su alrededor se extiende el ensanche de la población, en parte en proyecto, en parte realizado.

¿Pero esto es Oviedo, Dios mío? ¿Esta es la ciudad fundada por Fruela, prendado de la amenidad del sitio? Todo es de hoy, suntuoso, pero sin color. ¡Ah! Por fin. Hé ahí lo que buscaba, hé ahí á un lado de la vía los restos como de un ábside con estribos bocelados y una fenestra partida por una columnita, ambos residuos agrietados, maltrechos, con hierbas en las junturas de sus piedras, revelando un edificio histórico. Tal

trozo de antigüedad, desmoronándose en
medio de los barrios que se reforman, produce al que sabe sentir el pasado un hondo
sentimiento de tristeza, porque se adivina
que durará poco en pie. Afea la vista. Claro
está. Primero es la rasante.

Tales ruinas pertenecen al exconvento
de San Francisco, luego trasformado en hospital, en la iglesia del cual y por falta de
edificio propio se halla hoy instalada la parroquia de San Juan desde la demolición de
su fábrica. La circunstancia de encontrarse
enclavada esta iglesia á pocos pasos de la
fonda, hace que á cada instante se ofrezcan
ante mis ojos los artísticos restos de sus espaldas. El interior del templo es de cruz latina en su traza y de estilo claramente gótico, con la singularidad de que la capilla
mayor se encuentra á más alto nivel que
las laterales.

Merecen mención aparte dos ventanas
iguales lindísimas en una capilla del crucero, y una pila de agua bendita bizantina,
constituída por un viejo capitel. Su ábside
es poligonal. Por donde quiera se advierten
las huellas de la casa de Quirós, de esa noble casa que ha hecho inmortal su altivo
lema. Escudos y sepulturas hablan á cada

momento al visitante de la ilustre familia.

Esta vieja iglesia ha corrido el riesgo de ser derribada. El convento á que perteneció fué fundado en el siglo XIII por Fray Pedro el Compadre, llamado así por ser compañero de San Francisco de Asís. Ahora parece que se piensa en restaurarla. La Corporación que tal acordó merecerá los plácemes de todas las personas cultas. Pero ¿y *mis* ruinas? ¿Caerán ellas solas? ¿Tendrán la suerte de que una mano piadosa las libre de la piqueta?

Dejemos las ruinas. Hé ahí la calle de San Francisco que nos conduce á la Universidad. Es un edificio el de la docta institución, que á la primera ojeada revela aquel estilo grave y severo de Juan de Herrera, el arquitecto enamorado de las líneas rectas, de lo geométrico, por decirlo así. Con efecto, esta fábrica ovetense, según afirma el meritísimo historiador Canella Secades, honra de la región asturiana que le vió nacer y de la Facultad á que pertenece, fué levantada por Gonzalo de Güemes, Bracamonte y Juan del Rivero, imitadores del que ha dejado su nombre unido al del monasterio del Escorial.

Viniendo á la Universidad de Oviedo,

ábrese su puerta principal entre sencillas columnas dóricas istriadas, resaltando sobre el entablamento las armas arzobispales del fundador. Las dos fachadas del edificio tienen ventanas alfeizadas y elegante cornisa. Salvado el pórtico, éntrase á un amplio patio con dos órdenes de galerías. La inferior formada por arcos de medio punto que apoyan sobre columnas dóricas, y la superior jónica. Las puertas de las aulas dan al claustro bajo.

Fundó la Universidad el ilustre Arzobispo D. Fernando de Valdés y Salas, en cláusula testamentaria de 1566, no gozando, por ende, la inmensa dicha de ver realizada la que tal vez fué aspiración suprema de su vida. Treinta y cuatro años tardaron en inaugurarse los estudios después de vencidas innumerables contrariedades. España siempre ha sido el país obstáculo. La historia del establecimiento registra curiosas páginas. Acaso una de las más es el haber sido claustro y escolares los iniciadores del alzamiento contra los franceses en 1808.

Aunque rápida, dediquemos una visita al interior. Hé ahí el paraninfo. Severo, sencillo, solemne. Tiene derecho á la veneración del que se sienta algo más que curioso viajero, porque en él se conserva la cátedra del inmortal benedictino Padre Feijóo, tributo cariñoso de las generaciones que se han seguido al humilde maestro que habían de admirar los siglos y que tanto hizo por la Universidad.

Tomamos la amplia escalera y entramos por último en la *Iconoteca*, en el gran salón de honor, solemne templo de la ciencia, donde se muestran, tapando el muro del foso á la cornisa, los retratos al óleo de cuantos varones ilustres consagraron sus servicios y su inteligencia á la región querida.

Descubrámonos con respeto. Son dos ó tres generaciones, las que nos contemplan, las que nos exigen el acatamiento de la admiración justa. Aquí está Fernando de Valdés, el fundador de esta casa; allí el Conde de Campomanes, allá Jovellanos, Casariego, Flórez Estrada, Posada Herrera, Cienfuegos, Marqués de Santa Cruz de Marcenado, Lorenzana, Padre Feijóo, Conde de Mendoza Cortina y tantos más. No es posible citarlos á todos. Es un pasado de gloria, un ayer que honra á la comarca que les dió el ser. Esa falanje de Próceres de la inteligencia ha servido de cimiento al esplendor del

Principado. Por ellos goza Asturias de su legítima fama en la historia de la cultura universal.

La tradición no se ha interrumpido. Otros meritísimos varones en el foro, en la prensa, en la tribuna, en el libro, en los escaños rojos, con la palabra y con la pluma, recogiendo el legado de gloria de sus progenitores, continúan su obra magna; y por lo que á la docta casa se refiere, el claustro de hoy, velando por el prestigio de la institución docente, se ha mantenido á la altura lograda hasta el día, y si ayer mereció colocarse junto á Salamanca y Alcalá, al presente puede muy bien sostener la competencia con sus congéneres más ilustres del extranjero; y nada digamos con las del resto del país, á muchas de las cuales aventaja. Difícilmente se reune un cuadro tan completo de hombres de ciencia como el que hoy figura en la Universidad de Oviedo. El erudito penalista Aramburu; Álvarez Buílla, un hacendista que ha salvado con su nombre las fronteras de su patria; Canella Secades, honra del Derecho español, historiador, publicista doctísimo; Posada, una notabilidad en Derecho político; Alas, que ha hecho tan ilustre su apellido como el

pseudónimo de Clarín; Estrada, Justo Alvarez Amandi, Jove, Suárez Bravo, Sela, Juan
María Rodríguez, Vallina, Gómez Calderón,
Giles, Serrano, Berjano y Díaz Ordóñez,
igualmente insignes. Es una sinopsis de sabios.

El Ayuntamiento data del siglo XVII,
irguiéndose sobre el arco de Cima de Villa,
antigua puerta de las murallas de la ciudad,
sus tres cuerpos de balconadas corridas.

Pero ninguna de estas muestras del Oviedo monumental, con ser de mérito, logra
arrojar del espíritu la silueta formada por
la tradición. El artista viene aquí con la
opinión, con el arquetipo hecho, decidido
á no rebasar los albores de la Edad Media,
á identificarse, á vivir con los Monarcas
guerreros, á no tratar más que con Ordoños,
Alfonsos y Ramiros, á reconstruir con la
fantasía los tiempos de hierro de la reconquista, después de contemplar las piedras
testigos de las hazañas de sus héroes, á respirar el ambiente mismo que sus indoma-
bles infanzones. Todo lo demás se admira;
pero se aparta para que nada distraiga al
ánimo de su dueño.

Y sin embargo, no hay más remedio que
abrir los ojos á la realidad. La entrada de

la noche nos sorprende en la plaza de la
Constitución, frente al Municipio. Candelabros con farolas, el lugar iluminadísimo y
lleno de una concurrencia que va y viene,
paseando sobre las anchas losas. Si entre
la gente hubiera más señoras, creería que
es la hora del boulevard en Oviedo, las ocho
de nuestra Carrera de San Jerónimo. Quizás lo sea en el invierno. En los presentes
instantes predominan los hábitos de los clérigos y los pardesús de los viejos de pro-
vincia, retirados del ejército ó de sus nego-
cios, que se comen tranquilamente su pu-
chera y que vienen á echar su parrafito con
los canónigos. Yo desalojo el lugar, lo des-
pueblo, lo dejo á oscuras, fórjome la ilusión
de que el bronce ha tocado á cubrefuegos, y
en vez de los chiquillos que pregonan los
periódicos, oigo detrás de la muralla la voz
de un ballestero dando el alerta. Cada cual
ve las cosas á su modo; para la imaginación
no existen los siglos.

XI

La catedral.—Por dentro.—Los coetáneos.

XI

LA CATEDRAL.

Si no pecara de violenta la imagen, yo
diría de ella que es un edificio que tiene
una cara muy expresiva. Toda la importan
cia de su exterior hállase reconcentrada en
el pórtico. Bien que este es uno de los más
hermosos alardes de cincel que se han visto.

Salvada la alta verja, se yerguen tres
arrogantes arcadas que flanquean otras dos
menores en diagonal para el tránsito. El
estilo del pórtico es de ¡un gótico espléndido con tendencia al medio punto en las ojivas. Las agujas laterales finísimas, los boceles y escocias de las arquivoltas, los adornos de su dintel, los relieves de sus hojas y
los doseletes y peanas de sus ausentes figu
ras, son una filigrama de factura. No sé si lo
habré dicho ya alguna vez; pero si lo dije,
lo repito. Estas preciosidades de cincel han

brotado del buril del obrero y han brotado
en unos tiempos bárbaros y de incultura
general. ¿Por qué no salen del pueblo iguales
humildes artistas hoy que el nivel intelec-
tual ha subido tanto? Pero acaso surgen, sólo
que entibiada la fe, no se levantan catedrales. Extraña desde luego que salvo los bus-
tos de Fruela y Alfonso el Casto, encerrados en medallones en las cúpulas de la entrada principal y seis imágenes sobre ellos
representando la Transfiguración, no sos-
tengan los innumerables pedestales estatua
alguna. Y no hay señales de desaparición;
sin duda no llegaron á ponerse.

El pórtico tiene un rival: la torre. No impresiona por el tamaño, que las hay más
altas, sino por su ornamentación. Toda ella
es una pura aguja, un calado de los cimientos á la veleta. Yérguese sobre la arcada derecha del pórtico, y sus cuatro ángulos en
sus diferentes cuerpos desaparecen bajo
largos y adosados prismas de crestería que
nacen unos de otros, disminuyendo en vo-
lumen á medida que se elevan. Empieza la
mirada en el primer diente de la arista, y
no puede continuar, desvanecida por el in-
terminable festoneo que parece ascender
hasta el infinito.

Consta la esbelta torre de cinco cuerpos perfectamente marcados. El primero arranca desde el nivel del suelo y forma parte de la fachada; el segundo, tercero y cuarto tienen rasgadas ojivas, de una elegancia suprema, con arabescos y frontis de follaje, rematándolos un antepecho gótico muy fino; el quinto es del renacimiento, con ventanas de medio punto y con cubos en las esquinas, coronados como la cornisa por una balaustrada, y el remate hállase constituído por una pirámide atrevidísima, en la que todo son agujas. Agujas brotan de los cubos, agujas de la balaustrada, agujas de las aristas del agudo techo; es un haz de agujas de una arrogancia infinita, tan aéreas, que cuando el sol las dora, diríanse formadas por rayos de luz.

POR DENTRO

No es grande, pero sí armónico, con crucerías en la bóveda de su nave principal, mucho más alta que las laterales, arcos ojivales, lisos y majestuosos, y por encima de ellos preciosa galería de trepados arabescos, coronada por rasgadísimas y elegantes ventanas, tapiadas las del Norte con hermosas vidrieras de colores con efigies de santos las del Sur, y unas y otras abiertas entre el ándito que corre por la cornisa y la techumbre. El crucero es amplio, con dos grandes claraboyas en sus brazos y descansando sobre cuatro recios pilares que sirven de apoyo á los arcos torales; el ábside es pentagonal con cristalerías polícromas y rosetones; el retablo de la capilla mayor, dorado, de talla, con cinco cuerpos y multitud de figuras sacras de admirables ropas; el altar, con un tabernáculo de Juan de Madrazo; el coro, de fina y prolija crestería, con un asiento episcopal de admirable trabajo y de relieves profanos; el trascoro, que es un encaje blanco, y la verja que le cierra, del Renacimiento, acaso demasiado robusta, pero buena obra de herrería. Merecen mencionarse una antiquísima figura del Salvador con esfera terráquea en la mano izquierda, y la derecha otorgando su bendición, adosada á uno de los pilares del crucero, tosca de cincel y con la inocencia de factura peculiar de los tiempos medios, y el precioso altar de la Luz.

No carece la iglesia de buenas capillas.

La de mayor mérito arqueológico por su antigüedad es la del Rey Casto, que conserva un gran arco calado del siglo XV, con profusión de estatuítas con doseletes adosadas en toda su longitud á la arquivolta: preciosa muestra de una restauración atinada con que se pensó reparar la antigua fábrica de techumbre de madera, con frescos que representaban la muerte de Jesús, con cabezas de talla las figuras. El piadoso monarca destinaba el recinto á panteón regio, á postrer morada. El resto de la capilla no conserva ni la más mínima huella de la traza primitiva, arrollada por un barroquismo intransigente. Y sin embargo, este barroquismo se queda en mantillas junto al de la de Santa Eulalia, que llega ya á la locura, en la que no hay un palmo de muro sin hallarse cubierto por la más profusa y extravagante ornamentación. En la de Santa Bárbara es digna de admirarse una reja forjada á martillo.

Un hermoso arco gótico abierto en el brazo Sur del crucero ofrece salida á la cámara santa, la nota más característica de la catedral, porque en torno de sus viejas piedras primitivas se levantó la sagrada fábrica que ha llegado hasta nosotros. Una esca-

lera abovedada pone en comunicación la
cámara con la iglesia. La cámara es una estancia austera y sombría, de tibia luz, ruda
en su traza, de muros lisos y de ricos detalles bizantinos. Consta de dos cuerpos: el
primero románico del siglo XII, el segundo,
más bajo del techo, del IX, con una ventanita. Son muy extrañas las estatuas de los
apóstoles, toscas y sobre columnas pareadas.
Sin los objetos que estas bóvedas cobijan se
creería estar el visitante en una catacumba
abandonada, se pensaría que los mártires
del cristianismo acaban de ser sacados de
aquí por sus verdugos. Dos cruces históricas,
cubiertas de piedras preciosas, son el tesoro
del lugar. Una de ellas es la llamada de los
Angeles, objeto de la popular leyenda de los
peregrinos. El arca famosa, labrada ma-
ravillosamente por los discípulos de los
Apóstoles, llena de reliquias y trasladadá á
Asturias al principio del siglo VII, mués-
trase sobre un zócalo de piedra. Parece que
hace siglos que no se ha levantado la tapa,
y que se ignoró lo que contenía mucho tiempo, citándose lo ocurrido al Obispo Ponce
cuando quiso examinarlas, cosa que no con-
siguió por impedirlo un resplandor intenso
brotado del cofrecillo al destaparlo, que hasta

dejó ciego á alguno de los que acompaña-
ban al prelado. Unas gradillas fijas en las
paredes sirven de depósito á otras reliquias.
La torre de la catedral corresponde y des-
cansa sobre la cámara santa. Arriba lo
aéreo, lo vaporoso, lo suave, la filigrana;
abajo lo tenebroso, lo ascético, lo triste, lo
desnudo. El claustro es de techos peralta-
dos, con apuntadas fenestras de gran tamaño, que dibujan en el piso los círculos de sus
vértices al atravesarlos el sol. Nada más fino
que los arcos ojivales que abarcan tales fenestras, cada uno con seis columnas, rema-
tadas por una calada blonda de piedra. Un
San Cristóbal pintado en el muro se ofrece á la entrada. Más allá ábrese una puer-
tecilla, es la del cementerio de los peregrinos que morían en el hospital de Alfonso VI.
El cabildo recompensaba la fe que les traía
á postrarse ante las santas reliquias, ha-
ciéndoles suntuosos funerales. Los que lle-
gaban á pie miserablemente, por los caminos, tenían un túmulo de prelado.

La sala capitular merece mención aparte. Es del siglo XIII, en ella se reunió antaño la Junta general del Principado, y de
su recinto salió la declaración de guerra á
Napoleón I.

Y para concluir este apunte al vuelo:
una crueldad de la suerte. La actual catedral, hermosa obra arquitectónica, es anó-
nima; se ignora el nombre de su autor. En
cambio las crónicas han conservado el de la
prtmitiva, vetusta y ruda, de la que dan
aproximada idea los restos que han llegado
hasta nosotros. Tioda fué el arquitecto del
siglo IX. El olvido impenetrable ha borrado
para siempre el del XVI.

LOS COETÁNEOS

Un par de horas de catedral es una excelente preparación para seguir viendo cosas viejas. No hay que andar mucho. En
torno á la venerable basílica se apelotonan
varias parroquias coetáneas suyas y prote-
gidas, entre ellas, San Tirso, vetustísima, la
decana, en el pórtico de la cual congregá-
banse los vecinos para tratar de los asuntos
de la ciudad; San Vicente, precursora de la
Universidad; San Pelayo, lugar de retiro de
damas nobles y reinas viudas, entre las que
se contó la madre de Bernardo del Carpio.
Todos estos edificios han nacido á la sombra

del fundado por Fruela I, y hoy se agrupan
á su alrededor con sus fachadas negras por
los años, con sus cornisas rotas, con sus
desmochones en los salientes, con sus arcos
tapiados, contenido su desmoramiento por
sucesivas reparaciones, algunas del pasado
siglo, pero sin rendirse, cual si comprendie-
ran que simbolizan el pasado augusto, que
son sagrados. El ensanche va por distinto sitio, la modernización sigue otro rumbo. Aquí
vive refugiada, viviendo de sus gloriosos recuerdos, toda una edad histórica, en la que
han puesto mano los fundadores de la ciudad,
que tiene derecho al respeto eterno. Es el
Oviedo de hace siglos, que se sostiene en pie
por el amor de muchas generaciones. Un anciano augusto.

XII

Una ciudad en un ramillete.—El convento de la
Vega y los templos del Naranco.

XII

UNA CIUDAD EN UN RAMILLETE

Yo no he visto ninguna con más verdes alrededores, ni más poblados á granel de casitas blancas. Cualquiera diría que alguna vez empezó á nevar, y al ver la alfombra de terciopelo en que caía el meteoro, enamorado súbitamente de la campiña, se detuvo para no chafarla, quedando sólo aquí y allá los primeros copos de la helada lluvia. Estas dos notas alternadas dan á la vega una dulzura melancólica que atrae. Hay en el blando paisaje algo de casto, de tímido, de recogido, de ruboroso; se adivina en esa profusión de viviendas medio escondidas entre su fiel maíz muchos amores tranquilos y sonrientes. Y por si algo faltaba á la suprema paz del valle, la naturaleza le ha cerrado, poniendo para defenderle, el bravo

Naranco, armado de sus miles de porrudos robles.

Esto en conjunto, de lejos. Poniéndose en contacto con la vega, el encanto crece. Hoy, por ejemplo, hemos ido en higiénico paseo, dando pruebas de buenos andarines, desde la fábrica de fusiles hasta muy cerca del acueducto. Imposible trasladar al papel los mil detalles cogidos por los ojos y depositados en la memoria. Aquí una alameda de gigantescos árboles, allí un cercado de cambrones espinosos, allá el maíz con sus caperuzas de paje italiano, acullá los plantíos de fastuosas coles, conos de heno para las reses, hórreos, caseríos, quintas de americanos, chimeneas de fábricas, ya un pedazo de tapia ruinosa que parece desmoronada adrede por un pintor, ya una acacia solitaria, y en lontananza siempre las lomas de un verde jugoso, que mantiene brillante la lluvia.

Sobre tal fondo produce un magnífico efecto el acueducto, constituído por cuarenta huecos con sólidos sillares, obra de Juan de Cereceda, reformado después por Gonzalo de la Bárcena, y ejecutada en el siglo XVI. Este gigante de granito es la única nota que altera la suavidad del paisaje.

Considerando, sin embargo, su misión, bórrase hasta la más leve huella de dureza. La ciudad, metida en el centro de un ramillete de flores, necesitaba beber, y la dócil arquería de piedra que salta sobre el valle le trae un hilo de agua desde el Naranco.

EL CONVENTO DE LA VEGA Y LOS TEMPLOS DEL NARANCO

He dedicado una palabra al robusto acueducto, y no hay por qué condenar al silencio al edificio en que se halla instalada la fábrica de fusiles, honra por su organización del cuerpo de Artillería. ¡Instabilidad de las cosas humanas! Allí donde muchas veces repercutieron los rezos de las monjas, suena ahora el martilleo de los gatillos al probarse. El arma mortífera ha sucedido en el albergue histórico á la oración piadosa, los galones de oro de un coronel á la toca blanca de una abadesa.

El origen del monasterio de Santa María de la Vega, que así se llamó este edificio al levantarse, no puede encerrar más interés.

Hay en su fundación una historia íntima y
tierna, algo como el deseo de borrar con la
existencia contemplativa las remembranzas
de una dicha que se perdió, de olvidar con
la oración y el ayuno por auxiliares unos
brazos amorosos, entre los que se hubiera
vivido largo tiempo. Ello es que el convento debió su erección á una dama, de nombre
Doña Gontrodo, que por entonces gozaba
fama de hermosa, y con la que Alfonso VII
el Emperador tuvo amores. Su natural y dulce fruto fué Doña Urraca, nombrada luego
por su padre gobernadora de Asturias. Una
y otra consagraron todas sus riquezas y va-
limiento al esplendor de la santa casa, de la
cual fué la primera abadesa. Su sepulcro es
sencillo, de traza bizantina, con una inscripción trascrita por el docto Canella, elegante modelo de bien decir, poseedora de
esa grave y compendiosa concisión latina
que ha quedado como eterno modelo de los
epitafios.

Consérvase del convento primitivo la
torre bizantina, la entrada al coro por el
claustro y una fina portada con tres arcos
de una misma cuerda que gravitan sobre
grupos de columnas. Suerte ha sido que siquiera hayan llegado hasta nosotros tales

muestras del monasterio, y que alguna, la
última, haya caído en buenas manos. Uno
de los timbres de gloria de los artilleros en
Oviedo será la restauración de esa portada
por ellos descubierta.

Pero si la vega tiene su alhaja artística,
también el monte posee sus dos joyas arquitectónicas, legadas á la posteridad por
Ramiro I. Santa María de Naranco y San
Miguel de Lino. Hermosas obras del siglo IX;
la primera ofrece un singular aspecto, con
su interior de una sola nave de arcos tapiados, abierto á una galería con estriadas
columnas que da al campo, y su templete
con dos escaleritas de acceso; la segunda
no tan gentil, más severa, con sus dos ajimeces de primorosos calados y sus exquisi-
tos relieves del crucero dentro de la iglesia.
Si no contara con otros títulos el monarca
que levantó estos dos templos, ellos basta-
rían para inmortalizarle.

XIII

Mi vecina.—Cabeza asturiana.

XIII

MI VECINA

Ayer entré en relaciones con ella. Por
el afán de explorar la población cuanto antes, no investigué, al instalarme, las vistas
de mi cuarto de la fonda, según costumbre,
y al regresar á almorzar cumplí con el habitual precepto asomándome á los balcones.
Tres no ofrecían nada de particular; la calle de Fruela; pero el cuarto ¡oh el cuarto!

En seguida la descubrí allá enfrente,
gallardísima, hermosa. Desde aquel preciso instante de su aparición, ya no fuí dueño
de mi albedrío, ni alimenté otro deseo,
pero deseo impetuoso, frenético, que con-
templarla. Mi mujer se percató en seguida
de este amor repentino, y alabando mi gusto, no lo echó á mala parte. ¡Qué escándalo!
No, lectora, no, ninguno; porque mi vecina

no es de carne, sino de piedra, es sencillamente la torre de la catedral.

La casualidad lo ha dispuesto á maravi-
lla. La casa de enfrente es más baja que
la nuestra, y merced á tal circunstancia,
se distingue la torre sobre los tejados; pero
no así como se quiera la veleta, la punta,
una esquina, no; casi toda ella; los tres
cuerpos superiores por lo menos. Está muy
cerca, tan cerca, que contemplada con ge-
melos puede analizarse hasta el menor de
sus calados. Desde que hice tal descubri-
miento, ya se sabe dónde hay que encontrarme: en el balcón. En el balcón vivo, y
me cuesta trabajo separarme de él para ir
á ver otras cosas.

¡Qué horas de éxtasis mirando y remi-
rando las esbeltísimas líneas de su traza,
sus finos arabescos, sus hojas rizadas, sus
ventanas ojivales, los boceles de sus cubos,
los florones de su balaustrada, los haces de
crestería que suben pegados á sus ángulos
hasta la pirámide de remate! ¡Qué análisis
tan detenido, siguiendo con la minuciosidad
que la lente permite, la obra del cincel por
aquellos bloques hasta convertirlos en una
pura filigrana! A lo mejor entro en el
cuarto un momento, y en seguida me llama

tocando á vísperas ó á maitines, con la voz
de bronce de su campana grande. Los es-
quilonazos lentos, pausados, broncos, silbando en los viejos mechinales bordados, se
esparcen por la ciudad con un eco solemne,
y entonces adquiere la arrogante vecina
una majestad increíble. En cuanto me levanto, la primera mirada es para ella; antes de acostarme la echo una ojeada. La he
visto á la primera luz de la mañana, á la
última de la tarde, abrillantada por el sol,
oscurecida por la bruma. De todas suertes
es bella, atrayente, llena de encanto.

¡Ah venerable torre de la catedral de
Oviedo, mi amiga de enfrente, monumento
inmortal, orgullo de propios y admiración
de extraños, que contemplo á mis anchas
desde el balcón de la fonda. Dentro de unos
días dejaré de verte, dentro de unos días
me habré alejado de tí, sabe Dios por cuán-
to tiempo; pero mientras exista, tu silueta
vivirá eternamente en mi corazón, y te
veré, con los ojos del alma ,erguida sobre
los tejados de la ciudad!

CABEZA ASTURIANA

En todo el Norte de España tienen las mujeres la misma propensión á llevar las cosas descansando sobre el cráneo. La herrada rebosante de agua con el mango del canjilón asomando por el borde, es ya típico en las místicas Rebecas de la costa cantábrica. Pero en ninguna parte como en el Principado se observa semejante costumbre.

No hay más que acercarse al mercado para comprobarlo, á las horas de contratación. Cuantas aldeanas arriban con frutas y legumbres, sostienen sus banastas en perpetuo equilibrio sobre la cabeza. Pero no son ellas solas. Acérquese quien lo dude á la estación del ferrocarril, á punto de salir el tren, y se verá á las mujeres del pueblo conduciendo sus baúles de idéntico modo. ¡Qué más! Ayer, entre dos chaparrones, me tropecé con una rapazuela; no llovía en el momento, y llevaba su paraguas, á guisa de balancín, apoyado sobre la tapa del cráneo.

Desde el punto de vista estético, no pueden oponerse reparos. La carga en la cadera hace tomar á la persona una actitud irregular buscando el equilibrio; el peso á la espalda encorva el cuerpo, lo echa hacia adelante; gravitando sobre la cabeza no altera en nada las proporciones de la figura, no la roba su prístina majestad. Pero no á todos es dable tal alarde de fuerza, y se necesita poseer el vigor de esta raza pura y brava para aguantar los objetos en el cráneo. Es un detalle insignificante y vulgar, una observación baladí; pero á veces, las cosas más pequeñas son indicios ó huellas de lo más grande. Recuérdese que los romanos no pudieron domeñar nunca en absoluto á estos montañeses tan amantes de su independencia, y que cuando nada parecía capaz de detener el desbordamiento de la invasión árabe, lanzaron el primer grito de la reconquista. La firme cabeza le viene de antiguo.

COVADONGA

XIV

De Oviedo á Infiesto.—¡Oh Pérez inmortal!—La
carretera triste.

XIV

DE OVIEDO Á INFIESTO

La mañana húmeda y fresca, el Naranco sin cumbre oculta por la bruma, y una mohína pertinaz y espesa cayendo sin cesar de un cielo de plomo. ¡Buen día para ir de viaje! En cambio, el campo ha adquirido con el chaparreo una patina de una dulzura suprema. El pleno sol no se ha hecho para el Norte. Las praderas verdes piden horizontes grises. El roble y el castaño son los eternos amigos de la lluvia.

Las ocho. Dos ó tres docenas de personas aguardamos en el andén de la estación de vía estrecha de Oviedo á Infiesto, á que venga de éste el primer convoy, cuyos coches hemos de ocupar, cobijándonos bajo un

cobertizo. La mayoría de los expedicionarios
es gente aldeana que charla con su calma
habitual, sin alterar el rostro con el gesto
más mínimo. Al cabo se oye á lo lejos un
pitido atenuado por lo bajo de la bruma. Ahí
está el tren.

El material es moderno, de comparti-
mientos comunicados por el interior, de
vagones con plataformas. Nos acomodamos
en uno, cerramos sus puertecillas, levanta-
mos los grandes cristales que constituyen
todo el costado del coche, y queda así convertido en un comodísimo observatorio en
el que nos reimos de la lluvia. La locomotora silba. Partimos.

De Oviedo á Infiesto corre el ferrocarril
atravesando un llano incomparable; el paisaje es siempre el mismo. Un robledal espeso
ó un castañar compacto, atados sus troncos
por una enorme urdimbre de ramas trepadoras que forman una red, alfombrados
por un tapiz de helechos, y entre bosque y
bosque un maizal, una casita con su hórreo
en alto, un prado con dos ó tres vacas amarillas paciendo el heno, y un rapaz al cuidado bajo el amplísimo paraguas capaz de
cobijar una familia. En alguna estación esperan las señoritas el paso del tren, con sus

capitas de moda, su «antuca», y los menudos pies sepultados en alborotadoras almadreñas de madera. No cesa de llover un instante. El campo, las personas, los animales se contemplan á través de una hilada de gotas. Cuanto se mira destila agua, chorrea. A la hora de hallarse en contacto con tan honda melancolía, compréndense morriñas y añoranzas. En un lugar en que la naturaleza llora, el hombre tiene que gemir. Es una triste que vierte sus lágrimas en silencio. Por eso sus hijos, lejos de ella, sólo piensan en volver para enjugárselas.

En Noreña, la famosa villa de Rodrigo Alvarez de las Asturias, abuelo materno del Cid, crúzase nuestra vía con la que va de Laviana á Gijón. Precisamente pasa un tren de mineral. En lo que alcanza la vista distínguense, perdiéndose por la derecha, dos paralelas de álamos gigantescos, altísimos y tan juntos que constituyen una calle abovedada de hojas. Por tal túnel de ramas se aleja el convoy que nos hemos encontrado. Es incomprensible cómo no roza los troncos en su marcha. Unas en pos de otras, dejamos atrás varias estaciones de ladrillo, chiquitas, recordando las de la línea de Carril á Santiago, silenciosas, humildes, con uno ó dos empleados á lo más, y al cabo entramos en agujas y atravesamos unos muelles de mayores amplitudes. Estamos en Infiesto.

¡OH PÉREZ INMORTAL!

Un tropel de ómnibus pequeños y de jardineras aguarda á los viajeros fuera de la estación. Nos embutimos en cualquiera, y sin previo aviso ni orden arranca al escape de sus tres mulas en derechura á la fonda. Es un detalle singularísimo y de gran oportunidad. Se supone que al llegar el turista á Infiesto á punto de las once de la mañana, tiene hambre, y necesita comer. ¡Muy bien supuesto hada invisible y protectora!

El coche va por una alameda de corpulentos y frondosos árboles, y se entra por una calle de simpáticas casas de dos pisos, oscuras de fachada, revelando el terrible azote continuo de la lluvia, pero con cierto aire de bienestar y riqueza que se delata en los portales y en las tiendas. Quizás es el boulevard de Infiesto. ¡Sóo! grita el mayo-

ral, y nos detenemos ante un edificio, en las
ventanas del cual se asoman dos lindas muchachas que se retiran al vernos. La morada parece una de aquellas hosterías ale-
manas que con tanto color pinta Erckmann
Chatrian. ¿Dónde estamos? En la fonda de
Pérez.

Cualquiera presagia nada con semejante apellido, que es como no llamarse cosa
alguna. Si este fondista se denominara de
otro modo menos vulgar, quizás gozara de
gran reputación. ¡Pero cualquiera inmor-
taliza el nombre á secas de Pérez! ¿Qué tal
la comida de Pérez, ó el traje de Pérez, ó
los versos de Pérez? ¿Qué Pérez? La pre-
gunta brota espontánea. Sin embargo, el
Pérez de Infiesto, debe de ser una excep-
ción de la regla, porque sin vacilar se han
dirigido cocheros y mayorales á casa de
Pérez. Veamos que tal hace Pérez los ho-
nores. Desde luego, si la cocina corresponde á la mesa, nos aguarda un buen al-
muerzo. Manteles limpios, grandes jarros
de metal con asas para el agua, loza nueva,
las dos muchachitas que se retiraron de la
ventana, y que son las hijas de la dueña,
rubias, suaves, finas, verdaderas señoritas,
con sus mangas de farol y sus blusas de

moda, sirviendo. Magnífico. La sinfonía no
prometía en vano una excelente partitu-
ra. Seis ó siete platos, postre de leche, y 10
reales precio del cubierto; segunda edición
do Tiburcio de Torrelavega. ¡Quién iba á
sospecharse semejante restaurant de capital moderna en un pueblo asturiano! Debajo de una mala capa... ¡Oh, Pérez, Pérez
universal y anónimo en fuerza de tu abundancia; Pérez no común de dos, sino común
de todos; Pérez patronímico que apenas hay
quien no posea en su genealogía; Pérez
festivo; Pérez cómico; Pérez satirizado; ese
tal Pérez, nacido del desdén; yo declaro que
después de conocer á este Pérez culinario
de Infiesto, me parece más ilustre que el
más linajudo de los apelativos oriundos de
las Cruzadas el vulgar Pérez!

Infiesto merece una palabra antes de
partir. Este pueblecito tiene un puesto en
la historia de la reconquista, puesto humilde, episódico, secundario; pero puesto al fin,
En él se detuvo Pelayo en su huída de Gijón á Covadonga, después de descubrir la
infame traición de su hermana seducida por
Munuza. La joya de la villa es su famosa
cueva convertida en santuario. Hállase cerca, al fin de una alameda de frutales. Nada

más singular que su aspecto. Una enorme
socavación en una roca en el interior, de la
cual radican tres ermitas, la casa del ermi-
taño y la del capellán. El lugar tiene su leyenda. Parece que la Virgen se apareció
en el hueco de la peña á unos pastores, eri-
giendo el señor de la Torre de Lodeña una
capillita en conmemoración del milagro.
Nota dulce, nota suave que produce una impresión apacible. Tales edificaciones en la
concavidad, resultan algo como nidos de
golondrinas. Por encima praderas y árboles,
dentro el misterio de la oración.

LA CARRETERA TRISTE

Un cómodo landó nos aguarda á la puerta de la fonda; en él nos encajonamos, y
dejando atrás la diligencia de línea, carretera adelante. Por suerte nos toca de mayoral un guapo cincuentón, de barba gris
y traje de pana, de apodo *Barredín*, y de
una finura de maneras singular. ¿Será un
Príncipe disfrazado, y tendremos aquí una
aventura á lo Alejandro Dumas? No. Es sen-

cillamente un drama vulgar. El pobre hombre ha sido dueño de coches, y hoy, en la
desgracia, se ha visto precisado á agarrarse
á las riendas para comer. Una tragedia del
pescante. Desde su sitio nos va contando su
historia. Vive en Rivadesella, con una hija
casadera, que parece una rosa y se le encienden los ojos de amor paternal al decirlo
de tan poético modo. Vino la mala y le co-
gió la rueda. Conoce Madrid, porque fué
allá á que el Marqués del Busto le hiciera
la resección de una mandíbula y... nada
más. Todo esto relatado con una dulce re-
signación llena de simpatía. Es buenísimo.

Y ¡vaya si lo es! No sé quién de nosotros manifestó deseos de probar la borona
clásica del país. Llegábamos á un pueblecillo entonces. *Barredín* pára en firme, lía
las riendas al pescante, se baja y desaparece por entre las casucas. ¿Se habrá vuelto
loco? No; á poco torna con un pedazo de pan
de tostada corteza y amarilla miga.

—Aquí tienen ustedes la borona que querían, señoritos; dice el bueno del mayoral
mostrándola. Me ha costado trabajillo en-
contrarla, porque ya casi nadie la amasa.
Hasta los más pobres comen por aquí pan

de trigo. Sólo allá en la montaña continúa.
Todo se pierde.

¡Oh filósofo sin saberlo!

—Pues ya que es usted tan amable, nos
proporcionará un poco de sidra, añadimos:

—¡Ya lo creo, señoritos! responde *Ba-*
rredín.

Andados unos cuantos kilómetros, torna
á repetirse el eclipse momentáneo del mayoral, que esta vez no nos alarma. Desciende como antes, éntrase en una gran casa
rústica enclavada á orilla de la carretera,
y sale luego acompañado de un aldeano con
cara de acomodado, que por su propia mano
nos encancia el vino pedido. Otro desgra-
ciado aunque por diverso estilo, exclama
nuestro cochero, á quien se conoce que no
caben dentro sus pesares. Con efecto, el
campesino muestra una cara muy apenada.
Le preguntamos si tiene familia; no la tiene.
¿Y mujer? ¡Quedóme sin ella! replica con
mesurada tristeza, con una verdadera man-
sedumbre. Hace años, y aún la llora. Job
no hubiera contestado con más sencillez.
Dolor escondido en una casita del camino;
dolor de las razas fuertes que no apelan al
suicidio; dolor sin sollozos, que espera la
hora de morir contando los días que le fal-

tan para reunirse con la esposa partida para
no volver. No nos cobra nada por la sidra;
hasta que seamos amigos de *Barredín*. ¡Oh,
sí! ¡No le volveremos á ver, no volverá á
cruzarse en nuestro camino; pero no le olvidaremos nunca, como no olvidaremos jamás el generoso y melancólico obsequiante
surgido al paso, del rostro pálido, como no
olvidaremos en la vida esta atmósfera sana
de Asturias, esta pureza de sentimientos,
esta virginidad de alma que por donde quiera se advierte!

La mañana lluviosa nos despertó la nos-
talgia; estas inopinadas desdichas han con-
cluído de ponernos tristes. ¡Y aún falta otro
motivo de melancolía que el camino nos va
mostrando cada cien pasos! No hay casita de
la carretera en la que no se descubra el
mismo terrible cartel impreso en letras grandes con un vapor á la cabeza: es un anuncio
de una trasatlántica extranjera, dirigido á
los emigrantes. ¡Ah, infame y meditada es-
peculación, que, como el hurón en la ma-
driguera, te has introducido hasta las apaci-
bles soledades que atravesamos, á clavar tus
uñas! ¡Sí, en esas risueñas umbrías, bajo
esos castaños y manzanos tranquilos, en
esas moradas en que parece respirarse una

suprema paz, vive oculta la miseria, se muere
de hambre, no hay pan que dar á los hijos,
se vendieron las vacas, el dalle ya es inútil;
y tú que lo sabes, vívora negociante, plan-
tas esos engañadores tarjetones brindando
á los que perecen una felicidad que no existe! ¡Y caen, caen muchos, caen todos, casi
ninguno vuelve, y la promesa falaz clavada
siempre, acechando siempre, presente siempre, sin que nadie la quite, en las viviendas
humildes del camino!

Miremos á otro lado, apartemos la vista
de tal iniquidad. El paisaje, sin perder su
nota dulce, es más vario. Poco antes comen-
zaron á distinguirse entre los árboles manchas de agua. El arroyo se convierte ahora
en un riachuelo de lecho pedregroso, murmurante y juguetón. Las praderas se en-
sanchan; se dilatan sus horizontes; el valle
se amplía hasta perderse en la distancia.
Dos hileras de árboles copudos enfilan el
camino. La lluvia, que no cesa, mantiene el
campo solitario y callado. El cascabeleo de
nuestro tiro, algún tin-tin de cencerro de
vaca; pero todo apagado, leve, sin ecos, aho-
gado por la pesadez de la oscura y brumosa
mañana.

Un pueblecito de una sola calle y un her-

moso puente sobre el río, ya ancho y hecho
un señor formal: Las Arriondas. La mitad de
la jornada. Continúa luego la égloga en ac-
ción, la nota virgiliana. Carros cargados de
mies, corrales con gallinas, casas con solanas. Al cabo surge otra parroquia. Es nada
menos que Cangas de Onís. El sitio merece
un alto.

¡Obra devastadora de los siglos! Ni un
testigo de la pasada grandeza, y sin embargo, aquí existió la corte asturiana, de Pelayo y Silo, y aquí acabó sus días Alfonso el
Católico, y aquí asesinó Fruela á su hermano el dulce Vimarano, fratricidio expiado
más tarde, cumpliéndose en este mismo lugar del crimen aquel viejo precepto, de que
«el que á hierro mata, á hierro muere». A
corta distancia del pueblo alzáse la humilde
iglesia de Santa Cruz, que recuerda una página esteril y trágica de la reconquista.
Ante su atrio fué enterrado Favila, destro-
zado en el monte por un oso, y Froiluba, la
viuda desconsolada, y demente por el dolor
fallecida poco después.

Hoy no queda nada del antiguo esplendor real, salvo ese puente de un gran arco
central, de antigua traza, constituído por
dos rampas opuestas que se unen en me-

dio y arriba, ruinoso, carcomido, desmoro-
nado, cubierto de una vegetación herrumbrosa y centenaria, que se tiene en pie, aunque en desuso, por un milagro; en el que
han puesto su férrea planta varias generaciones de montañeses, de vuelta ó camino
de la guerra contra los musulmanes; por el
que pasaron, atropellándose como olas, los
deshechos restos del infiel, rotos ante la
cueva que vamos á visitar. Atravesamos el
manso Sella, riachuelo que está pidiendo un
pincel, por otro viaducto vecino al viejo
puente de la Edad Media, al que sustituye
con algo de la respetuosa deferencia de un
adolescente á un anciano; y á los pocos kilómetros, se mete el carruaje, dejando á un
lado la carretera general, por el tortuoso
camino de Covadonga, orillado de castaños,
tan juntos, que parece el trayecto un pasa-
dizo entre dos hileras de columnas. Al cabo,
el ilustre *Barredín* nos grita desde el pescante:

—Vean ustedes la cueva desde la ventanilla.

XV

La llegada. — El patio de la hospedería. — La
gruta de la Virgen.

XV

LA LLEGADA

No es posible acercarse á la famosa gruta con el ánimo sereno. El frío análisis de la crítica se queda avergonzado en la carretera. Júzguese como plazca, allá lejos, en las madrileñas cátedras, en el reposo del gabinete, á la luz de la razón, el poema de la Reconquista. En presencia del lugar donde estalló el incendio de la independencia contra los árabes, siente uno una voz augusta que le grita en lo hondo del pecho: ¡si crees en la Patria, arrodíllate!

La lluvia, que se formaliza, nos ha obligado á cerrar el landó. El camino concluye, y de pronto, en vez de los árboles de las cunetas, recortado el paisaje por la ventanilla, se distingue un templo en construcción, á la derecha, en un cerro, y al fondo una peña gigantesca, en la que se abre la boca

de una gruta que muestra como entre sus
labios las cresterías de una capillita bizantina de madera. Es un cuadro de hestereos-
copo, que borra una revuelta de la carretera, una visión furtiva evocada por el deseo,
Barredín responde á mi impaciencia arreando á los caballos, y al fin se detiene el coche
ante la puerta de la hospedería, en un puro
lodazal, en un charco inmenso, donde las
piernas se hunden en barro hasta la rodilla,
mientras el chaparreo nos descarga una
pulverización que ciega y hace traspirar co-
piosamente.

El coche nos ha dejado en el portalón de
una casa de dos pisos, con balconcitos y
ventanas; en un balcón con tiestos, nos ven
hacer equilibrios para salvar los charcos,
dos jovencitas que sonríen con el regocijo
del que contempla los toros desde la barre-
ra. Cuatro ó seis almadreñas hállanse en
fila junto á la pared, por bajo de un rótulo
que prohibe penetrar en la hospedería con
semejante calzado. La tentación es irresistible, y nada ni nadie se opone á que se rea-
lice; meto, por ende, los pies en los zuecos,
los levanto valientemente para echar á andar y á poco me voy de bruces sobre el pavimento de losas de piedra.

Una criada del país sale al encuentro, nos pone al habla con el ama de la hospedería, y entonces suena en nuestros oídos la fatal noticia. No hay alojamiento. ¡Y diluviando, y en plena montaña, y vencida la tarde! La nueva déjanos convertidos á mis compañeros de viaje y á mí en estatuas. La voz de la hostelera nos saca del pánico, diciéndonos:

—Pasen ustedes á aquí, á este cuarto cuyos huéspedes se hallan ahora en el lago. Esas señoritas también esperan albergue. Si los que han de llegar, dentro de un rato, de vuelta de la ascensión á los picos, no hacen noche en casa, se acomodarán ustedes.

¡De modo que ni siquiera somos los primeros en turno! Entramos en la habitación. Las turistas que nos anteceden son las que se rieron cuando saltábamos los charcos al llegar. La identidad del apuro, la desgracia común nos venga de su crueldad de sentimientos.

Dejamos las mantas y sacos de noche en el albergue provisional, y fiando á la Providencia el definitivo, nos lanzamos á ver, siguiendo las indicaciones de la maritornes zafia, que al olorcillo de la propina nos puso en camino, diciéndonos:

—Por dentro de casa pueden ustedes ir á la cueva de la Virgen.

EL PATIO DE LA HOSPEDERÍA

Gratísima sorpresa. ¿Quién iba á sospecharse dentro de esta «casa de pueblo» semejante claustro? Es un patio rectangular, con dos galerías superpuestas que corren por sus cuatro lados y ambas con una bella arquería sostenida por rojizas columnas. La piedra es vieja, herrumbrosa, venerable, con cicatrices, roída por la humedad y por los años. En el empedrado descubierto brota una desgreñada vegetación salvaje. Cuatro canalones vierten por los ángulos, desde el tejado, otros tantos chorros que mueven un rumor continuo y monótono de salto de agua. A trueque de mojarme, sálgome al centro del patio para ver á mi sabor los ánditos. Acaso me equivoco, pero me parecen de los albores del renacimiento. La techumbre de los corredores es lisa y encalada, no corresponde con los arcos, y sus pisos son el alto de madera y el bajo de losas que te-

clean y de cantos de cuña. Adivínase una de
tantas bárbaras mutilaciones. El rum rum
monótono del chaparreo, el ambiente húmedo y fresco, el olor á tierra mojada, el
gris de la tarde y de los corredores, la quietud del lugar solitario constituyen una nota
dulce y triste, que aumenta esa instintiva
melancolía sentida siempre que se llega á
uno de estos albergues desconocidos y viejos, aislados en la naturaleza en que se advierte uno alejado de cuantos seres ama.

El claustro bajo tiene algunas notas de
gran interés. En uno de sus costados hállanse dos sepulcros con huellas bizantinas
en su traza, obra de rudo cincel, de gran
valor arqueológico. Otro sarcófago más moderno guarda las cenizas de un Pidal ilustre, y próxima se abre en el muro una puer-
tecita que da entrada á cierta habitación lóbrega, en la que se ven varios nichos en los
muros; es el viejo panteón donde duermen
los clérigos del monasterio, de la santa casa,
hoy convertida en hospedería. En la misma
planta del edificio se halla su capilla, menuda y pequeña, sin nada de notable, salvo
algún buen cuadro de asunto religioso y
parte de una sillería de coro muy bien con-
servada. Un sacristán enséñanos después

ornamentos y estandartes, y al cabo nos indica en una esquina del claustro como la boca de un túnel, que no es sino el principio de una escalera de piedra que sube techada por bóveda.

—¿Dónde vamos por aquí?

Y la sotana de ala de mosca que nos guía, responde con espartano laconismo:

—A la cueva.

LA GRUTA DE LA VIRGEN

La bóveda se acaba en seguida; el techo de la escalera se convierte de improviso en roqueño; es un trozo de peña viva, lo cual le tiene sin cuidado al sacristán que sube escalón por escalón y como si llevara una tonelada en cada zapatilla de orillo. Espoleado por la impaciencia me trago en dos saltos todos los tramos. Hé aquí la cueva.

Por querer ver mucho, no distingo de pronto nada. El simbolismo del lugar es tan grande, que nunca he sentido emoción más intensa ni ante los monumentos artísticos de mayor hermosura. Misteriosas influencias del medio ambiente, que hacen que un grito de independencia lanzado siglos atrás en esta cueva repercuta aun en el pecho de los viajeros que la visitan.

El interior de la histórica gruta es fácilmente abarcable de una ojeada. La cueva parece abierta á un tercio de altura de la enorme peña en que se enclava, en el monte Auseva, como á unos 30 metros sobre el nivel del suelo, y descansando en los salientes picos de sus fauces inferiores se ha tendido un pavimento de tablas, limitado por una barandilla que defiende á los flojos de cabeza de la atracción del vértigo; esta barandilla engárzase por un lado en la roca y por otro en una capillita de madera que sirve de albergue á la Virgen, y que debiera de proscribirse del lugar por atentatoria al buen gusto. La imagen estuvo en tiempos sobre una mesa con sabanilla entre dos velas, sin más hornacina que la labrada por la misma naturaleza, y así resultaría llena de majestad en su suprema sencillez. En fecha reciente la piedad ha instalado á la milagrosa efigie en un casetón de mal gusto y de extravagantes colorines la bizantina vivienda actual de la dulce Señora.

Lo primero que atrae en cuanto se pe-

netra en la cueva, es el panorama que desde
el balcón se disfruta. ¡Qué encanto! La distancia no es tan remota que resulte el paisaje un plano topográfico, ni tan próxima que
se eche encima. Al pie de la peña hay un
rellano de meseta donde termina el camino
de subida, que se pierde culebreando hacia
la izquierda, en la misma dirección que un
riachuelo gijoso que baja saltando desde la
cima de un monte por una tortuosa cañada.

Desde esa planicie de abajo excitó el
Obispo D. Opas á Pelayo para que rindiese
pleito homenaje á los muslimes, y quizás
desde ese mismo pedazo de terreno vió el
traidor y el apóstata cómo rebotaban en el
granito y herían á los infieles sus mismas
flechas.

Otra ruta con pretensiones de carretera,
en construcción todavía, y que pronto se
convierte en pedregosa senda, asciende por
la derecha también, al lado aunque en sentido opuesto de la corriente; por ahí se va
al lago Enol, inabordable hoy por el temporal. Observo que casi todas las rutas del
valle tienden á juntarse con el agua bulliciosa; me explico la sugestión, porque jamás
he visto hilos de espuma ni burbujas más
cristalinas. Aquí y allá salvan el lecho rús-

ticos puentecillos y un puente ya «persona mayor» con barandilla de hierro, inmediato á un pueblecito reclinado en un ribazo. Multitud de casitas que se comunican por veredas, blanquean desperdigadas por lomas y collados, y cierra, por último, el término una cadena de montañas altísimas que tocan en las nubes y se dan la mano, convirtiendo el sitio en un gran hoyo.

Imagínese ahora el lector todas estas laderas y vertientes, contempladas desde un punto alto, cubiertas de una bravía vegetación que alterna sus tonos oscuros con los claros de los musgos y céspedes, cruzado de arroyuelos y torrenteras, desierto el lugar y tamizado por las hiladas de la lluvia que cae en diagonal, formando un espeso velo de agua y confundiendo su rumor de aguacero con el de los saltos de las cascadas, y se comprenderá que no acierte uno á separarse del mágico balcón.

También el primer término tiene algo que contar. Carlos III (¡oh nobilísimo *Carolus* de perdurable memoria, hasta en Covadonga te encuentro!), fascinado por la grandiosidad natural é histórica de este sitio, quiso perpetuar su recuerdo levantando una basílica que dejase dentro de su recin-

to la simbólica cueva, y á tal fin construyó,
adosado á la roca, un pretil de mampostería
de 90 pies de alto, soberbia construcción que
permanece inalterable aunque tapizada, por
los años, de yedra, de la misma yedra de la
peña, que encontró muy lógico y apetecible
agarrarse á aquellos hermosos bloques tan
lisitos.

Semejante recio malecón ha servido de
algo, ha venido á constituir como una especie de contrafuerte; pero alabémonos de que
una obra arquitectónica, por magnífica que
ella fuera, no haya encerrado la gruta ro-
bando al sitio su majestad inmensa, la hermosura ruda y natural que hoy posee. De entre las arrugas que orillan la boca de la concavidad caen á plomo varios chorros que recoge la alcantarilla ú hondo estanque, labrada en la base del monte por Ventura Rodríguez. Uno de los brazos de agua constituye un grueso penacho de catarata blanca
que casi roza la taza de la poza, manteniendo-
do siempre en el aire el tupido velo de una
pulverización. Todos estos caños al estre-
llarse y la corriente que por la atarjea se
forma y resbala mantienen un rumor eterno de torrente, que le ata á uno á la barandilla de la cueva y le hunde en un éxtasis

profundo besándole en la frente con sus ondas frescas que trae el aura, como si el hada
de los sueños azules viniera á tocarle con
el dedo y á invitarle á volar por los espacios
ideales. ¿Y por qué no? ¡Volemos!

XVI

La cueva por dentro.—La futura catedral.—Tres
mantas en Agosto.

XVI

LA CUEVA POR DENTRO

No es muy profunda, y, por tanto, resulta llena de luz, gracias á lo ancho de su boca. En realidad comienza en una plataforma de la escalera, que forma como su vestíbulo, y que también cuenta con otra abertura defendida por una barandilla. ¿Era este el acceso primitivo de la gruta? ¿Por dónde descendía luego, suponiendo que terminara en el rellano del estanque? El sacristán lo ignora todo; sólo sabe, y si no lo sabe, lo huele, y á fe que la natura le ha dado para olfatear unas narices de á palmo; sólo sabe que llevaremos algún recuerdo de nuestra visita á Covadonga, y, á tal fin, mientras examinamos el lugar, se ha aposentado junto á una vitrina, tras de cuya tapa de cristal se distinguen crucecitas, medallas, estampas y demás presentes piado-

sos de ritual en cuanto trasciende á mila-
groso.

Piérdense treinta minutos en escoger cada
cual el recuerdo más de su agrado, y dispuesto á la benevolencia el narigudo sacristán por el negocio hecho, continúa mostrándonos al detalle la gruta sacra. La protagonista aquí es la Virgen milagrosa, la de las
batallas, la que debiera ser Patrona de España entera. La imagen parece recién res-
taurada. Yo esperaba encontrarme una efigie tosca y ruda, revelando más la fe que
el arte, una de esas figuras bizantinas in-
formes, y me hallo, por el contrario, una
carita sonrosada, dulce, moderna. ¿Y esta
suave talla es la misma que dió el triunfo á
los cristianos montañeses? Un sabio como
D. José María Cuadrado se permite dudar-
lo, y á la verdad que no creo, sin más tes-
timonio que el de los ojos, que ande desca-
minado en su duda.

En su fondo, la techumbre de la cueva
es tan baja, que puede tocarse con alzar la
mano. Una verdadera red de tubos y cañe-
rías de zinc recoge las filtraciones de la
roca y las encauza. Un agujero negrea á la
izquierda. Me asomo, y veo un brazo de agua
espumosa que se precipita por un canal la-

brado por la naturaleza en la peña, y que
socavándola por bajo de su piso, va á caer
al estanque en estruendosa cascada, misán-
tropo torrente que canta la gloria de la cueva
con su eterna voz escondida. ¡La tumba de
Pelayo!, dice el sacristán, mostrándonos á
la entrada de la gruta, en el arranque de la
escalera, una reja empotrada en el muro,
que me recuerda la de Garín en Monserrat.
No menciona siquiera á su esposa, enterra-
da con él. Es un desgarrón de la piedra,
defendido por recios barrotes, tras los que
se divisa el principio de una losa funeral
cubierta enteramente de verdín. El guía no
da tiempo á meditaciones. Enciende una ce-
rilla y nos hace penetrar en una lóbrega
reconditez sin luz, que parece una mazmorra y que suda humedad; el aire es denso, la
atmósfera trasciende á subterráneo. Al débil resplandor del fósforo vislúmbrase un
sepulcro cincelado toscamente en un bloque
condenado á eternas tinieblas. ¿De quién es?
La sotana de ala de mosca despliega sus
labios proféticos, y acompañando la afirma-
ción del asturiano, «es verdad», que nos ha
repetido cien veces desde que tenemos el
honor de tratarle, exclama con espartana
sencillez: «Del yerno de Pelayo.»

¡Oh vándalo inconsciente! ¡Llámese usted Alfonso I, y merezca de la posteridad, por su fe religiosa, el dictado del Católico; ensanche el naciente Reino astur más allá de estas cañadas, y, llevando el terror al campo agareno, asalte treinta ó cuarenta ciudades, plantando en sus muros la cruz, siquiera por el momento; sea heredero de la gloria del bravo caudillo que aquí dió el primer golpe de muerte á la morisma, para que un sacristán olvide su nombre y le considere digno de inmortalizarse sólo como yerno de Pelayo!

No sé de quién fué la idea de enterrar aquí á Pelayo y á Alfonso el Católico. Quizás el hecho se pierde entre las brumas de la época de hierro que les siguió. Fuera de quien fuera, resultó felicísima. Ambos sarcófagos son más solemnes y dignos de las cenizas que encierran; más augustos, en su salvaje austeridad, que cuantos primores del buril hubiese realizado el arte. Ambos Monarcas hicieron de esta peña el pedestal de su gloria, y la posteridad les ha dejado dormir el sueño eterno como quizás lo soñaron ellos: acostados sencillamente entre el granito.

LA FUTURA CATEDRAL

Desde el balconcillo de la cueva de la Virgen descúbrense, bajando por el camino que conduce á la cima del monte, un encapuchado á caballo, primero, y otro á pie, arreando un borrico que lleva delante, circunstancia que no deja de extrañarnos á cuantos les contemplamos. Los viandantes llegan en estas al pie de la gruta, y entonces queda aclarado el por qué viene el jumento con tanta holgura: trae la cincha colgando, rota. Ambos viajeros descienden empapadísimos, hechos una sopa. Regresan del lago Enol. ¡Toma! Pues entonces, son los que se aguardaba; de quienes depende nuestro alojamiento. La cosa merece la pena de resolverse y de celebrar una conferencia con la patrona de la hospedería.

¡Loado sea Dios! Los viajeros que regresaron del lago están secándose. Tan mojadísimos han bajado, que destiñéndoseles el impermeable y caladas las ropas, el negro de la tela les penetró hasta la piel, trasformándoles en mozambiques. Pero se van en

seguida. El blando lecho (¡ojalá lo resulte!)
será con nosotros. Aprovechemos las pocas
horas de luz que nos quedan, visitando la
nueva basílica.

El abad, á quien vengo recomendado, se
halla en baños. No importa. En su ausencia recíbenos un canónigo alto y fibroso, de
abierta fisonomía, campechanote, y todo él
sencillo y espontáneo, con la espontanei-
dad que da al individuo el vivir en la plena
naturaleza. A las primeras palabras verti-
das de su boca, comprende uno que se encuentra frente á frente á un espíritu superior, lleno de cultura, y ¡cosa rara en quien
tiene escaso comercio con el mundo! lleno
también de la flexibilidad de un diplomá-,
tico. Se llama D. Joaquín García Muñoz.

Recorremos primero la cripta del nuevo
templo, nuevecita y con poco de artístico,
muy afrancesada: admiramos luego una co-
lección de grandes retratos al óleo de los
Reyes de Asturias y algún tapiz de mérito;
hacemos estación en la sala capitular; fir-
mamos en el álbum de viajeros, depositando
nuestra limosna, y guiados por D. Joaquín,
como aquí familiarmente se le denomina,
encaminámonos en pelotón varios turistas
á la basílica en proyecto.

Su emplazamiento es magnífico. Se alza
en la cima de un cerro, á la vista de la hospedería, y dominando el desfiladero de subida á la cueva. Recios estribos con rasgadas
ventanas salvan el desnivel, y anchas rampas y escalinatas ofrecen acceso á la basílica. La obra se halla adelantadísima, y sus
muros próximos á cubrirse. Es una linda
catedral, inspirada en el gusto bizantino, y
de una gran finura de líneas. Pequeña, pero
correcta. Unos 50 ó 60 obreros trabajan la
piedra bajo un ancho cobertizo. A todas horas se oye aquí el martilleo del buril des-
bastando bloques, y examinando éstos despacio, se encuentran verdaderas filigranas.

Y esa es la última de las victorias con-
seguidas entre estas breñas. No há mucho
tiempo, todos esos obreros que hoy arran-
can tales bellezas á la piedra, eran unos
campesinos zafios, que solamente sabían ma-
nejar el dalle de agudo filo. La voluntad de
hierro de dos hombres de corazón ha hecho
el milagro de instalar en las honduras de la
montaña semejante escuela de artes y ofi-
cios, trayendo la parte sana del espíritu
moderno de nuestros tiempos á las soledades de Covadonga. A cualquier hora, entre
los bloques, entre los hombres que los la-

bran, inspeccionando los trabajos, dirigiéndolos con la pericia de consumados arquitectos, velando noche y día por el adelanto de la fábrica, que llueva, que truene, que haga sol, sin desmayar nunca, arbitrando fondos por cuantos medios les sugiere su entendimiento, consagrando su vida entera á la prosperidad del futuro templo, vénse dos siluetas altas y enjutas, con balandrán y gorro, dos hombres enérgicos y activos á cuya voluntad de acero, inquebrable, se deberá el levantamiento de la futura catedral de Covadonga, y que no son otros que su docto abad D. Máximo de la Vega, y su no menos ilustre canónigo y administrador D. Joaquín García Muñoz.

Bastante les ayudan los potentados de la región con sus donativos, pero es un desconsuelo que en el país clásico de la Virgen tenga que levantarse esta casa suya de la montaña, de limosna, entre varios próceres generosos, y duro por duro, de los turistas que visitan la cueva.

TRES MANTAS EN AGOSTO

Anticipada por la cerrazón, la noche se ha echado encima lóbrega y oscura. Las tinieblas que aquí reinan, la terrible humedad del ambiente, el aislamiento anejo á la vecindad de gentes que no se conocen, nos recluye á nuestro cuarto, una celda humilde, de encaladas paredes, con dos alcobas, y hojas pintadas de azul, con cuarterones, en la única ventana de la habitación.

A cenar. ¡Qué cuadro tan alegre! Hé aquí el comedor: largo y bajo de techo, enjalbegado, simpático, modesto, con algo de refectorio de monasterio, asilo de peregrinos y algo de cámara de parador castellano. Quinqué de aceite, patrona entrada en años, criadas del país sirviendo, loza española, «fabes con morciella» entre los platos, una singular libertad en la mesa, una particular franqueza entre los comensales. Cuatro horas en plena naturaleza han atenuado toda suerte de timideces. No hay camarada de colación que no tenga cara de amigo, y por si algo faltaba, un canónigo viene á hacer una visita á un turista, y apareciendo en la puerta un balandrán negro, suena un clásico y cristiano: «¡Alabado sea Dios! ¡Buen provecho!»

La jornada ha sido ruda. Dos horas de tren y seis de landó. Luego, toda la tarde vagando por un lodazal, en un valle chorreando agua. El cuerpo pide descanso con razón. Un cigarro tras el postre, y á dormir. Hace un frío respetable, que me obliga á reforzar con dos mantas de la hospedería la de viaje. ¡Tres mantas en Agosto! Y encogido bajo el triple cobertor, ya en el primer peldaño del sueño, pienso complaciéndome con el dulce calorcillo:

—Pues, señor. ¡Maldiga la historia lo que quiera la infame figura de D. Opas; pero sin su traición no estaría yo ahora tan á mi gusto en esta cama de Covadonga!

XVII

Que empieza en un solideo y acaba en unas almadreñas. — Casitas dichosas y fuente feliz. — La misa augusta. — El campo del «Repelao». — La lámpara eterna. — El último adiós.

XVII

QUE EMPIEZA EN UN SOLIDEO Y ACABA EN
UNAS ALMADREÑAS

El día de ayer fué de prueba; el cuerpo
hállase aún molido; la temperatura del
cuarto no convida á levantarse, y á pesar
de que la primera luz de la mañana, entrando por la ventana entreabierta, viene á re-
cordarme mi propósito de madrugar, me
quedo en el lecho contemplando desde la
cama, á través de los vidrios, un trozo de
cielo gris. Hoy no llueve, pero continúa la
cerrazón.

Un ruido estrepitoso, chocleo de zuecos
aporreando pedruscos, suena de pronto fuera. Me visto en un periquete, me asomo detrás de los vidrios, y acierto á ver con un
enorme paraguas de algodón bajo el brazo
una figura larga y negra, de afeitado rostro y simpático continente, enjuta y recia.

La figura larga ciñe gorro sobre el solideo, viste balandrán y anda con un acompañamiento extraño, moviendo un ruido seco, como si un pelotón de caballerías resbalara por un empedrado. Es un canónigo con almadreñas, es nuestro simpático D. Joaquín, que va á inspeccionar sus obras y que hace estación en la hospedería.

Quizás á los que no lo han visto se los antoje algo cómico tal maridaje, semejante silueta de cura con pies de aldeano; pero yo declaro que contemplada en estas soledades de la cordillera, entre las breñas, resulta con un encanto inconcebible y atrae. Es el sacerdote valiente de la montaña, el sacerdote andarín y franco, el amigo y guía del viajero, la Providencia del aldeano; es el padre de almas, todo bondad, que lo mismo juega á los bolos que tiende la mano á sus feligreses pobres; es el clérigo ingenioso, decidor, tresillista, jinete, buena escopeta, mejor caña, fervientísimo y bueno. Acaso no sabe lo que son hebillas de plata; pero con sus zapatillas de orillo, y dentro de sus almadreñas, mantiene vivo en el pecho de los campesinos el amor á la Virgen, y la levanta poco á poco su futura catedral en la cumbre de un cerro. Los zuecos

vuelven á sonar; la figura del balandrán y
el paraguas sale del portalón y se aleja.
¡Buenos días, D. Joaquín!

CASITAS DICHOSAS Y FUENTE FELIZ

Las muchachas tienen que arreglarse;
estas celdas no poseen, como es natural,
cuartos de tocador. Para dejarles en libertad, desfilo; me voy á la ventura por el
valle.

Saliendo de la hospedería, se descubre á
mano izquierda, en una loma, una barriada
de casitas formadas en hilera. Todas son
desiguales, unas más altas, otras más bajas;
todas tienen dos pisos, y todas cuentan con
sus ventanitas con visillos blancos, ó sus
balconcillos con baranda de madera pintada
de almagre. Su aspecto es patriarcal y apacible. Se adivina en ellas una suprema calma, un dulce reposo. Hállanse orientadas
de manera que sin perder ni una racha del
puro oxígeno de la montaña, lleno de aromas, se libran del viento directo del desfi-

ladero. Son las habitaciones de los canónigos.

De cuando en cuando entra ó sale de alguna de las casitas un cura con balandrán y paraguas. No he penetrado en las humildes viviendas, pero no me hace falta; las veo desde fuera, veo el frailero de hundido asiento, y el estante con los libros sagrados, y la camillita con brasero oculto por el tapete, y la cómoda con su Virgen en una urna, y el gato que duerme en el sillón en las ausencias del amo; veo ese hogar solitario, pero dulcísimo, de los desterrados voluntarios, que aquí dejan pasar sus días al cuidado de su Virgen, custodiando su cueva, en íntimas con el cierzo y la lluvia, tranquilo, silencioso, uniforme, sin turbulencias, sin agitaciones, feliz con la dicha de los oscuros, grave como el tic-tac del reloj de pesas que lleva cuenta del tiempo, en la salita de los visillos blancos. ¡Moradas sencillas de la callada virtud, sonrientes en vuestro aislamiento de la montaña, á las que no suele llegar ningún viajero; tampoco yo quiero profanar vuestro recogimiento con mis voracidades de turista; pero sabed que os amo un instante y os saludo! Sin embargo, el que respete vuestro interior, no es razón para que no curiosee las viviendas de campesino que con vosotras forman esta aldeita, bautizada con el nombre de Covadonga.

No lejos, tropiézome con varios peñascos que la tradición ha tomado por suyos. Dice la leyenda que al ir á lanzarlos los moros contra los infieles, no pudieron separarlos de la tierra. Caunedo, el exquisito y artista descriptor del Principado, se inclina á creer que tales rocas fueron de las arrojadas desde las cumbres por los astures. También muestran los aldeanos unas hendiduras en el torso de una piedra: son causadas por un resbalón del corcel de Pelayo. ¡No, no me sonrío incrédulamente! Al contrario. Siento profunda envidia de los que poseen tan infantil candor. La fe nutre el alma, el análisis la hiela.

Ayer me chocó desde la gruta una fuentecita que vierte su chorro junto al estanque. Ahora precisamente, con su herrada á la cabeza, llega á la pila una rapaza campesina, que me dirá el nombre de la fuente. De lejos era ésta interesante; de cerca es encantadora. Un tazón de piedra musgosa, abrillantada por el baño continuo, y un saltito de agua surgiendo por una grieta, cayendo á plomo como una barra de acero y formando un escarabajeo de burbujas de es-

puma, permanente y bullicioso. Todas las
restantes cascadas de la cueva van á estre-
llarse al ancho pozo, resbalando por el to-
rax de la peña; sólo esa menudencia de caño
coquetón se declara autónomo, y constituye
capítulo aparte entre líquenes y musgo. Un
jarrito de hierro, sujeto con una cadenilla,
brinda vaso á todo el que quiera beber. Los
brazos de torrente que ruedan á su lado llenan el poético rincón de una lluvia pulve-
rizada. La mozuela ha llenado mientras su
vasija, que gorgotea rebosante, y antes de
marcharse coge el jarrito y echa un trago.
Me acerco entonces, la interrogo, y me con-
testa con su voz suave y reposada:

—En el país llámanla á ésta fuentecina
de los matrimonios, porque todo el que
aquí bebe cásase dentro del año.

—¿Y se cumple la virtud del chorro?—la
pregunto.

—Cuando se bebe con fe, sí, señor.

Y cargando con su herrada se aleja can-
turreando con una voz suave, en la que hay
algo de convencida:

> La virgen de Covadonga
> Tiene una fuente de plata;
> La niña que bebe de ella
> Antes de un año se casa.

¡Ya lo sabéis, madrileñas que váis á la
calle de Alcalá á *eso!*

LA MISA AUGUSTA

Un par de docenas de personas, todos
los turistas llegados ayer, suben disemina-
dos por la escalinata que conduce á la cueva. Es que se va á decir misa en la capilla
de la Virgen. Precisamente el cura encargado de ella es un clérigo que va delante de mí
subiendo los escalones con lentitud. Las
señoras se acomodan en sus sillas-reclina-
torio dentro de la capilla bizantina, los hombres se apelotonan en el resto de la gruta;
yo me apoyo en la barandilla que da al
pozo. El sacerdote llega, se abisma un instante en una oración muda, se reviste en
nuestra presencia, y ayudado del sacristán
de las zapatillas de orillo, que hasta hace un
momento ha estado vendiendo medallitas y
escapularios en esa vitrina que [debiera
quitarse de aquí, comienza el Santo Sacrificio.
¡Misa inolvidable que vivirá eternamente
entre mis recuerdos de viajero junto á la
salve de la montaña de Monserrat! Allá en
la corte constituye un hallazgo el oirla de

un cura ligero; el que acaba de decirla aquí
no ha tardado arriba de un cuarto de hora,
¡y qué corta se me ha antojado! Lo confieso.
Hasta hace un instante ignoraba yo en su
entera profundidad lo solemne de un acto
que por hábito no apreciamos bien; no co-
nocía toda su dulce unción. El reposo del
valle desierto, la quietud del agreste paraje, el tono suave de la campiña mojada, con-
sonantan con la actitud recogida de los fie-
les que rezan alzando un sordo murmullo
dominado por el acento cadencioso del ce-
lebrante. ¡Singularmente el momento de
alzar me ha resultado de una grandeza suprema! El sacerdote elevando con las dos
manos juntas la hostia blanca, de un blanco
purísimo, la campanilla repercutiendo con
tibio tintineo en la cueva, y los leves golpes
de pecho y el rumor eterno de las cascadas
turbando el silencio del lugar. ¡Hasta se diría que los saltos de torrente suenan menos,
que la naturaleza también se ha postrado
para orar ante la Sagrada Forma! Todo, todo
se borra de la mirada. La mística emoción
que sube del pecho, desvanece recuerdos,
ilusiones, esperanzas, sumerge el espíritu
en una emoción inefable, y sólo deja ver en
la gran montaña ese puntito albo del pan

eucarístico, que sujetan las puntas de los
dedos del oficiante. Ese puntito domina la
naturaleza: es Dios.

¡Ah, sí! Nada de trenes blancos ni de
peregrinaciones nacionales; nada de médi-
cos materialistas ni de damas trocadas mo-
mentáneamente en hermanas de la caridad;
nada de magníficos monasterios ni de espléndidos hoteles; nada de reclamo ni de
negocio. Una humilde imagen, que no es
universal ni le hace falta para que se la
venere; que vive dentro de una modesta
capillita de madera en el hueco de una
cueva, y que cuenta por todo servicio unos
cuantos canónigos, felices en su soledad. Hé
ahí todo. Los franceses efectistas poseerían
en cada mata una lápida de mármol con letras de oro, recordando el hecho glorioso, y
cien comunidades de todos colores, en conmemoración del milagro realizado por la divina Señora, dando el triunfo á los cristianos
y concluyendo de aniquilar á los árabes con
una tempestad. Prefiero la sencillez que contemplo. ¡Grandes funciones, lujos de templo cortesano, cortejos y comitivas! ¡No,
no! Es mucho más poética la misa rezada
que acabo de oir dentro de la cueva; una
misa rezada silenciosa, que tiene por órgano

el murmullo de los golpes de agua que caen
al pozo bajando desde los riscos.

EL CAMPO DEL «REPELAO»

Es de rigor visitarlo. ¿Cómo marchar de
aquí, acaso para no volver, sin haber contemplado el sitio donde se echaron los cimientos de la primera Monarquía genuina-
mente española? Algunos de los castaños
que hoy dan aquí tranquilamente su fruto,
parecen testigos del gran hecho. Quizás ha-
blen. También tienen su lenguaje los troncos. Vamos allá.

Encuéntrase enclavado en el término de
la tortuosa carretera que va de Cangas de
Onís á Covadonga, á la entrada del desfiladero donde se abre la famosa cueva de la
Virgen, y próximo al pueblecito de la Riera.
El sitio es de una belleza salvaje, enmarañado
y abrupto, y á la izquierda, entre golpes de
vegetación, se distingue una columna de
granito coronada por una cruz y erguida sobre un pedestal en el que se lee en larga inscripción el por qué de la elevación de tal
monumento.

Su misma sencillez, rayana en la austeridad, impresiona. Se adivina ahí, antes de
leer el pedestal, un hecho grande conmemo-
rado sin poner á contribución el arte, para
que nada distraiga de la idea que simboliza
con sólo una columna que llame la atención
del pasajero y le obligue á detenerse y á me-
ditar que en este trozo de terreno echó su
primera raíz la Monarquía española con la
proclamación de Pelayo por sus valientes,
una vez destrozados los ejércitos de la media luna. Un detalle para concluir. Más arriba hay un llanito en el que se realizó el
prólogo, en pleno combate, de la coronación aquí realizada, donde se dió el primer
viva al rey. Y este campo sagrado, que tiene derecho á la veneración constante de la
posteridad, que escuchó el fragor de la re-
dentora pelea, que fué el teatro del alza-
zamiento, se denomina como un chulo cualquiera de las Peñuelas madrileñas, quizás
por haberse fusionado las dos palabras Rey
y Pelayo en la flamenca del *Repelao*.

LA LÁMPARA ETERNA

Ayer, por escasez de tiempo, y hoy porque en toda la tarde ha faltado gente en la cueva de la Virgen, no he podido realizar un deseo que me acosa. Las familias llegan en omnibus y landós, y, apenas se detienen ante el portal de la hospedería, corren impacientes á ver la gruta. Es natural. Pero yo quiero verla solo, sin tumultos, y, sobre todo, de noche. ¡Ah! ¡*El Angelus*! ¡Mi hora! Corro allá.

Las sombras han invadido completamente el lugar, hundiéndolo en las tinieblas. Se han borrado los contornos de las montañas, vislumbrando sólo los ojos, luego de acostumbrarse á la oscuridad, unas disformes y monstruosas masas negras. En la explanada de la cueva resplandece algo que ilumina con suavidad el sitio desde arriba; diríase una estrella baja. Es la lámpara de la Virgen, encendida siempre. Me aproximo al estanque, en el que caen los restos de agua de la roca, más bulliciosa en el silencio de la noche. A los débiles reflejos se distingue

en lo alto el pretil de la gruta, la capillita
bizantina de madera, la enorme boca de la
concavidad, todo disfuminado é indeciso. A
mi alrededor la naturaleza duerme, se siente su respiración fresca, que huele á tierra
mojada. En el campo no se oye un ruido, en
la hospedería tampoco. La luz de la imagen
parpadea.

Un vehemente deseo de subir me acomete, y tomo por la escalera lateral que
conduce desde el rellano á la gruta; al final
detiene mis pasos la verja, cerrada ya á esta
hora, pero por entre los barrotes descubro
el interior de la cueva. La capillita se queda en la penumbra, ocultando la imagen.
La lámpara colgante, un gran gonfalón,
alumbra el lugar. Esta lámpara es una antiquísima servidora de la efigie, que vela
su sueño hace muchos siglos, que no se apa-
ga nunca. Su primer resplandor surgió al
primer grito de la Reconquista. ¡Nadie! ¡El
reposo, la quietud suprema, la suprema calma, la piedra que duerme, esa luz perpetua
en la que arde la fe de todo un pueblo!

EL ÚLTIMO ADIÓS

El temporal ha encalmado, y la luna en
su cuarto menguante asoma por una desga-
rradura del toldo de nubes. Aunque apenas
alumbra, éntrame el deseo de salir un momento antes de acostarme, y me encamino
á la gruta iluminada por su inmutable lámpara. La soledad es más profunda. Van á
dar las doce.

De pronto oigo una vocecita de cristal
que rompe el silencio de la noche, y veo
ante mí, bañada por un pálido rayo de luna,
una mujercita de un codo de alta, lilipu-
tiense pero de armónicas proporciones,
fina, menuda, adorable, que me mira con sus
dulces ojos. Es blanquísima, y lava en la
fuente sus albas ropas de gasa de que acaba
de despojarse.

—Soy la *Xana* de la fuente de los matrimonios—dice con su argentino acento—y vivo
debajo de su pilón en un palacio de cristal.
Si fueras una doncella te regalaría una madeja de hilo para que la devanaras, y serías
feliz acertando á hacerlo. Pero ya que has

querido despedirte de la montaña, yo te deseo la ventura y te prometo para cuando vuelvas por aquí un poco de oro de mis tesoros ocultos...

El primer resplandor del alba entra por la ventana de mi cuarto. Nos vamos á Oviedo. ¿He soñado? ¿He visto anoche la *Xana*? ¿Ha sido una pesadilla nacida de la tradición que leí al recogerme? No lo sé. ¡Adiós Covadonga!

XVIII

La fábrica de Trubia.—Un pozo de cañón.—La
rueda de las pesadillas.—El probadero.

XVIII

LA FÁBRICA DE TRUBIA

Es una expedición obligada para el turista que visita á Oviedo. Media hora de tren y un valle paradisiaco que tiene por rústico caramillo de sus umbrías el estampido del cañón. Un pueblecito de aspecto obrero, tendido junto al río, un puente que salva la corriente mansa, y en seguida se descubren numerosas naves, una puerta de hierro y un uniforme azul con franja grana en el pantalón y dos cerdosos bigotes de veterano bajo la gorra de plato: es la fábrica de Trubia.

Pasada la verja, distínguense pabellones con balconcitos, en los que asoman macetas con flores, calles con acacias de bola y una fuente con amplia taza y surtidores. Algo se vislumbra ya del lugar. La fuente es de hierro, las aceras y el piso de la calle son de hierro; yo creo que hasta los árboles son de hierro. Sin embargo, predomina la nota suave y dulce, que va desapareciendo según se interna uno en el establecimiento. Empieza á olerse á carbón; surgen columnas de humo negro, y se vislumbran los cíclopes de blusa. Al cabo penétrase en la primera nave, y comienza «á desfilar» un ejército de máquinas y de aparatos incomprensibles para el profano, que se mueven todos á la vez por una urdimbre de correas que suben y bajan. Yo no sé cómo se denominarán estos talleres técnicamente, pero su misión tiene algo de artística. El cañón llega á ellos, por decirlo así, en bruto, recién forjado, y sale de entre el tropel de cuchillas y sierrecitas, que le toman por su cuenta, hecho un señorito. Aquí se le raya el interior del tubo; allá se le ciñen aros de resistencia; acullá se trabajan las mil menudas piezas de su organismo. De trecho en trecho se yergue un formidable Ordóñez de 25 á 30 centímetros de calibre, de reluciente bronce, lustroso como un espejo; ó un Sotomayor de menos tamaño, empavonado y negro. Ya tienen terminada su toaleta y se hallan en disposición de montarse en su cureña y disparar.

De una en otra nave nos entramos in-
sensiblemente en el infierno. Es decir, in-
sensiblemente, no, porque la temperatura
se ha caldeado hasta ser asfixiante. Se quedan atrás los obreros tranquilos y reposa-
dos, de rostro limpio, y comienzan á descu-
brirse los obreros negros, tiznados, sudan-
do, con la cara y el desnudo cuello rojos por
el resplandor de los hogares hechos ascua.
En esta instalación se enclavan los hornos
de fundición que cargan centenares de arro-
bas de hierro; más allá se encuentran las
fraguas y calderas.

Imposible citar de memoria todo lo que
se va viendo. Bocas y bocas candentes, bra-
sas cobijadas bajo campanas de chimenea,
un aliento continuo de fuego que quema, un
paseo de condenado. Buena noticia. En la
nueva elaboración de acero hay colada. Visitar un establecimiento de esta índole y
contemplar una, es el colmo de la suerte,
miel sobre hojuelas. Cuando llegamos, los
operarios examinan si la masa se halla á
punto, contemplándola por las compuertas á
través de gafas azules; con tal intensidad
brilla el incendio encerrado entre los muros
del horno. Una nevera por el tono blanco,
ya que no por la temperatura. El director

de la operación, un inglés que debe de ser
de amianto examina sin resguardar los ojos
la horrible ebullición; cada vez que alza la
tapa le bruñe súbitamente el resplandor
toda la gigantesca figura. Por fin, los operarios arriman un caldero al caño, que des-
tapa un cíclope, y un chorro de luz, de hierro líquido, se precipita en la vasija hirvien-
do y alzando curruscantes palmas de chis-
pas que forman un surtidor de fuego.

UN POZO DE CAÑÓN

Hace dos ó tres días que han fundido
uno; todavía está enfriándose su armazón.
Para el que no ha visto nunca fosas de mol-
dear resulta un espectáculo extraño y singular en sumo grado. El pavimento de la
nave es en su mayor parte de listones de
madera movibles, por entre las junturas de
las cuales se ven negruras cavernosas; el
pozo que acaba de utilizarse se muestra al
descubierto. Es un doble cilindro de ladrillo
refractario, un verdadero estuche lleno
hasta rebosar por los bordes de hierro, ahora

en lingote, y que caería á su alvéolo en hir-
viente chorro líquido.

Todo lo que tiene de medroso y asusta-
dizo un pozo profundo sin agua, encuéntrase aumentado aquí por el destino del
hoyo. Asómase uno al borde y no se ven
sino oscuridades confusas. El suelo de listones tiembla bajo el peso del cuerpo. El
temor de caer asalta. El reguero líquido se
ciñe al cilindro, lo abraza, imposibilitado
de salir, se posa, y no se concibe, viéndolo
frío, que pueda sacarse del molde, á no
acudir los hercúleos herreros del dios de
las fraguas. No he presenciado la operación,
que debe de resultar tremenda, dado el peso
feroz de la mole de la pieza.

LA RUEDA DE LAS PESADILLAS

El vapor es dispendioso, el carbón cuesta caro; pero hay un eterno motor, regala-
do por la pródiga naturaleza: el agua. Todos, ó la mayor parte de los talleres, aunque poseen su máquina de reserva, funcio-
nan por la presión hidráulica. Ahí está el

monstruo. Es una rueda enorme, de ancha
llanta, alta como una casa de dos pisos, con
profusión de rayos que parten del eje á la
circunferencia. Por debajo húndese la rueda
en un estanque, en el que forma un bullicioso oleaje, dejando al ascender á lo largo
de su llanta un fleco de gotas. La llanta es
parda, la acequia honda, la rueda da vuel-
tas produciendo un sordo temblor, como si
bramara, conteniéndose. Todo á su alrededor se extremece. Al acercarse uno, le pega
en el rostro una bofetada de viento; sin
duda es la respiración del ogro jadeante.

Es la rueda de las pesadillas, de las noc-
turnas alucinaciones tenebrosas. Muchas
veces se sueña con ella, muchas veces se
ha sentido uno cogido por una rueda así,
silenciosa é inmensa, oscura y terrible, levantado en alto, volteado por la trepidación, triturado por el engranaje de los rayos, deshecho. Hombre ya, se calla el turista al sobrecogimiento que le acomete al
acercarse á la rueda ceñuda. Colocado ante
su silueta sombría un niño, no acostumbra-
do á disimular sus impresiones, se echaría
á llorar procurando huir y exclamaría con
la mayor ingenuidad: ¡El bú!... ¡El bú!...

EL PROBADERO

Prensas hidráulicas de yo no sé cuántas toneladas, grúas de vapor, martinetes, tijeras, laminadores, proyectiles de todos tamaños, cureñas, atalajes, un aluvión de objetos, quién sabe lo que nos va enseñando el guía: un mareo. De pronto suena un pitido de máquina y se acerca una locomotora con un vagón-jardinera, en el que se distinguen galones dorados: son los oficiales de artillería que vuelven del probadero.

Apéanse, y el coronel Español, á quien estoy recomendado por otro ilustre coronel del cuerpo, Arizmendi, se aproxima y se pone desde luego á mi disposición, ya que por la mañana apenas pudo acompañarme. Es el coronel y director de la fábrica, Don César Español, un simpático veterano, de plácido rostro y blancos bigotes, y sobre todo, de una sonrisa tan dulce que encanta. Nos acompaña á su despacho á cuantos formamos la expedición, da el brazo á las señoras para subir la escalera; no hay detalle

de cortesía que se le escape. Bravísimo. A
través de los años aparece el artillero clásico y galante de siempre, el militar caba-
lleroso.

Su conversación nos revela que es además un hombre de ciencia y un hombre
culto. Y un muchacho, ¡qué diantre! ¡Pues
si todavía se siente con bríos para montar
á caballo y mandar un regimiento en cam-
paña!

La fábrica tiene un bosque extenso y un
jardín amplísimo. Entre uno y otro se enclava una plazoleta donde se quilata la resistencia de los cañones disparándolos. Dos
piezas de batir encontramos ahora en pruebas. El monte que sirve de blanco se halla
abarrotado de proyectiles. Un paso más, y
nos internamos por enarenadas calles, ori-
lladas de flores y de menudo césped. Recorrido el parterre, la maquinita tráenos de
nuevo al establecimiento, y damos por terminada nuestra visita, llevándonos, gracias
á la galantería peculiar de la milicia, como
impresión última que neutralice la de los
hornos y los cíclopes, el grato recuerdo del
insigne coronel Español, que lo mismo vela
por el buen éxito de un obús, que por el
crecimiento de unas rosas.

XIX

Avilés.—La playa de Salinas.—De lo que sujeta
una tomiza.—Cacharros y pitillos.

XIX

AVILÉS

Salimos de Oviedo para Villabona por la mañana. Antes del medio día nos apeamos del tren.

Hállase enclavada la ciudad en el extremo izquierdo de la hipotenusa, si así puede llamársela, ampliando el sentido de esta palabra, cuya derecha ocupa Gijón, cerrando el triángulo el cabo de Peñas. Una ría, poco pintoresca por cierto, pasa junto al pueblo, que, tierra adentro, asienta sus casas y prolonga sus calles en cuesta. Su vestíbulo no puede ser más lindo. Un amplio paseo con jardines y grandes edificios de piedra que le circundan, constituyendo así una espaciosa plaza. En ella misma se descubre una fachada antigua, con amarillenta arquería de medio punto.

Internándose en la minúscula ciudad, encuéntrase el turista por todas partes recuerdos artísticos de otros días: aquí el palacio del Marqués de Valdecarzana, con portal ojivo del siglo XIII y ajimeces partidos por columnas bizantinas; allí el de Camposagrado, barroco pero elegante; allá el del Marqués de Ferrera, con una torre almenada; ya surge al paso el Ayuntamiento, grave y rígido, de la centuria décimoséptima, ya la iglesia de San Nicolás, de transición del bizantino al gótico, ya la capillita de los Alas con sus ricos nichos apuntados. Avilés es pequeña, pero monumental, y lo que habla muy en su favor: conserva con esmero sus monumentos, probando de tal suerte una cultura que para sí quisieran más de cuatro encopetadas capitales. Aspira á modernizarse, pero sin dejar de rendir culto al pasado, al noble pasado, siempre venerable como un abuelo.

Aparte de lo legado por otros tiempos, Avilés resulta una población amplia, desahogada, de buenas casas, de excelentes calles, alguna moderna y anchurosa. La casualidad nos ha traído en domingo. La banda municipal toca en el paseo. Un trasunto del salón del Prado de Madrid, sin que tenga que envidiarle en nada sus mujeres ele-

gantes, vestidas irreprochablemente á la
última moda. Se observa aquí bienestar,
bolsillo repleto, gran orden, y sobre todo,
una administración excelente y un cuidado
constante por el bien parecer de su ciudad.

LA PLAYA DE SALINAS

Avilés tiene dos notas que no deben olvidarse: una antigua y otra moderna. La
antigua es el Fuero ó Carta puebla de su
nombre, precioso documento el primero escrito en romance; y la Serrana, una fonda
en que se almuerza como en Lhardy. Ins-
truir... comiendo.

Avilés pretende ser, y de hecho lo es,
residencia de verano; pero no podrá rivali-
zar nunca con Gijón. Cuidado que, por no
haber en su término fábricas, le aventaja
en limpieza, y su atmósfera resulta más
pura, pero no tiene el mar en casa, y aunque un tranvía de vapor lleva al bañista en
doce ó catorce minutos á la playa de Salinas, por un camino hermoso orillado de
robledales y pinares, no hay expedición sino

de hora en hora, lo cual es incómodo. Queda el recurso de ir á pie, pero á pleno sol y con el gravamen de otro segundo baño de sudor copioso, prohibido por la higiene, después del chapuzón en frío.

La playa de Salinas es magnífica, de una longitud enorme, abrigada á la vez y de limpio piso. Un pelotón de hotelitos desparramados por el terreno, junto á las olas, constituyendo calles, sirve de albergue á los bañistas. Lo malo del sitio es que está en llano y en un arenal que no tiene nada de fresco. Hay algunos pinares, pero propiedad particular, y cercados por ende. Quizás los veraneantes que toman casa por temporada, gocen de comodidades; los que viven en fondas por pocos días no disfrutan de muchas, á pesar de la buena voluntad de sus alojadores. Mañana será, acaso, un lugar delicioso para pasar el estío junto al mar; pero necesita multiplicar los albergues. El sitio es encantador, la libertad de que en él se goza apetecible, el carácter de sus habitantes bondadoso, su deseo de complacer grandísimo; pero tales bienandanzas han cundido, los forasteros acuden en mayor número del que se les esperaba, y resulta difícil el encontrar donde hospedarse.

DE LO QUE SUJETA UNA TOMIZA

Es día de mercado de reses. Pero antes tenemos tiempo de hacer una excursión en vaporcito por la ría. El pito del buque nos indica que se dispone á salir. El viaje resulta poco pintoresco: una marisma. San Juan de Nieva, término de la jornada, es un encantador pueblecito costero; un lugar de baños en familia, con poca gente. Vemos el muelle cargadero de Avilés, cómodo y seguro, y regresamos. Una hora de viaje.

Los aldeanos comienzan á afluír con sus reses por la carretera de Gijón. Es un desfile continuo, un chorreo de campesinos, cada cual con su vaca detrás como un perro. Algunos vienen en carretas ó carro, pero la mayoría hace la caminata á pie, charlando con el camarada ó el amigo, con un cigarrazo apagado en la comisura de la boca. Las mujeres alternan con los hombres, y entre el ejército de labriegos que se viene á Avilés á ver cómo se dan los cornúpetos, no dejan de figurar sus viejos octogenarios, pero firmes todavía y nudosos como robles.

Un tozuelo carnoso y peludo, una cabe-

zota huesosa y recia, unos ojos tristones y
sosegados y un par de cuernos respetables:
hé aquí lo que se encuentra siempre en Asturias al extremo de una soga. Empieza la
soga en el puño de un aldeano, y termina
en el cuello de una vaca. En todas partes
las sogas sirven de gavillas para el trigo,
de ataderos para los haces de la leña. Aquí
desempeñan las sogas más altos destinos:
son un símbolo, son el collar de un dios
penate al que, sin perjuicio de ser profunda-
mente católicos, adoran los astures con amor
fervientísimo: su res.

Ví por primera vez esta mancomunidad
entre el hombre y la vaca, ó, procediendo
con lógica, entre la vaca y el hombre, en
Pontevedra, saliendo por el puente del Bur-
go, camino de Villagarcía. Aquí, en las parroquias asturianas, he vuelto á descubrir
el grupo con frecuencia, he vuelto á contemplar dos campesinos que se encuentran
en una trocha y que se paran á echar un
párrafo, llevando cada quisque su vaca del
ronzal, que no es más que una sencilla soga.
En estas carreteras no hay laceros munici-
pales, y á menudo el aldeano suelta la res
para que camine á sus anchas; pero no la
quita la tomiza que lleva al cuello.

Es preciso venirse á los prados norteños, y lo mismo acontece en la montaña cántabra, que en los valles galáicos, que en las praderas astúricas, para comprender hasta qué punto se hallan íntimamente unidos el hombre y la vaca. La vaca es aquí un dócil perro que acompaña á todas partes á su amo, que vuelve la cabeza de cuando en cuando por el camino para ver si lo sigue al sentirse suelta, que se acuesta en el suelo cuando la lleva del ronzal mientras él lía un cigarro con un amigo, que duerme junto á la cama de matrimonio, bajo el mismo techo que la familia, que le da el jugo de sus ubres y la fuerza de su testuz.

Para el hombre la vaca significa la realización de todas sus esperanzas, el logro de su ilusión suprema. La vaca es el dinero cosechado en la corte, peseta á peseta, con la cuba al hombro ó con los cordeles á cuestas; es la dicha de la vejez labrada en los años viriles lejos del huerto nativo, de la mujer y de los rapaces; es la recompensa al honrado sudor vertido en la ausencia sin quejarse, ahogados los suspiros de los recuerdos por el anhelo de volver con cuatro cuartos. No hay campesino que salve las fronteras de su región, que no compre una

vaca al regreso. Cuando en los prados melancólicos de por acá se ven muchas vacas
diseminadas, paciendo al cuidado de sus
dueños, es buena señal, es que la emigra-
ción disminuye, que se ha dado un excelente año de maíz, es que hay para comer por el
invierno. Cuando en los pastos se distinguen pocas vacas, es que los hórreos están
vacíos, que los trasatlánticos se alejan de
la Patria llenos, que en la casita blanca se
llora, que ha sido preciso vender la res.

CACHARROS Y PITILLOS

Tal vez es un detalle nimio, pero yo
creo que no hay particularidad, por insignificante, que no posea su valor. En el recinto de una plaza, y bajo unos soportales, en
hileras ó en grupos, tendidos sobre el suelo, descúbrense multitud de pucheros, de
ollas, de jarros, de cazuelas, de escudillas,
de lebrillos fabricados por un barro negro
que á primera vista resulta hierro pavona-
do. Algunas de estas vasijas, ya usadas por
el dueño del puesto, tiene agua dentro de

su panza porosa, y desaparecido el brillo de su seca superficie, se ha convertido el cacharro en un carbón.

Pregunto el precio, y la vendedora me lo dice con una voz que sale de una boca apestando á tabaco; como que tiene una porruda colilla sujeta con la comisura de la boca. Y ya que viene á pelo, manifestaré lo que antes no hubo ocasión de apuntar. Las mujeres del pueblo, viejas y jóvenes, por lo menos las de la ciudad, fuman como, y más aún, que los hombres, porque no sueltan el pitillo de los labios. Puede calcularse, ante tal devoción de las hembras, que el mejor regalo que un mozo hará á su adorada, será, á buen seguro, una cajetilla, y que cuando dos novios se entrevisten él ofrecerá á élla su petaca y echarán mientras desembuchan su palique un sabroso cigarro.

En los países tropicales, la mujer de todas las clases de la sociedad gusta del tabaco. Mejor ó peor, según el peculio da de sí, el cigarrito de papel ó el puro minúsculo se descubre en muchas femeniles bocas. Si he de ser franco, no me resulta el hilo tenue y blanco nublando los labios de granate. Alguna vez en el gran mundo, en el

gabinete azulde los sueños de oro, se fuma.
La bombonera de ricos esmaltes cede su
puesto en el favoritismo de su señora á la
cajetilla aromática de suave picadura ela-
borada exprofeso para ella. La boca de las
promesas de dicha, saborea el picor acre con
igual deleite que un persa. Las crónicas no
dicen ni mis conocimientos llegan hasta sa-
ber si la dama emuladora de los árabes se
traga el humo y lo echa por las finas ventanas de las nariz. Bajando á la última clase, en ninguna región de España, y las he
recorrido todas, he visto que tire de pitillo
la hembra del pueblo más que en Asturias.

XX

La desembocadura del Nalón.—El bote de Plasencia.—Una silueta lúgubre y un montón de rosas.

XX

LA DESEMBOCADURA DEL NALÓN

Con justicia goza fama de ser uno de los sitios más pintorescos de Asturias. No hay persona que al consultarla acerca de la hermosura del paraje, no diga ¡ah! sin extrañeza. La expedición es fácil y barata desde Avilés. Un cesto alquilado por una tarde, y sobra.

El paisaje durante casi todo el trayecto es el mismo de siempre, idéntica su nota dulce y llena de ternura. Los prados de raso, los castaños de terciopelo, el maíz, lo apacible, un valle tras otro, y todos callados y suaves, sin ruidos, como en reposo. Pero al cabo, tras de andar más de un centenar de kilómetros, el horizonte se amplía, y de repente, desde la misma carretera que va en alto, se descubre, en sorprendente vista panorámica, una serie de lomas que se escalo-

nan descendiendo cruzadas por un río que
se ensancha hasta terminar allá lejos en el
mar, entre dos pueblecitos que parecen en-
garzados en sus orillas.

El efecto es mágico, es una aparición de
conjuro. En todo el trayecto se ha vislum-
brado la más leve señal de corriente. Nada.
Pero, ¿dónde se ha metido el río? Otros cur-
sos de agua permiten graduar las impresiones. Se ve agrandarse el lecho, robustecer-
se el caudal, se adivina el momento de la
apoteósis, el instante de la desembocadura.
Con el Nalón sucede todo lo contrario. De
pronto asoma entre dos copas de castaño,
amplio y abundante como un golfo, inmenso. El trote de los caballos hace que varíe
el sitio del observatorio, y por ende que se
descubran nuevos aspectos del lugar. La carretera desciende, y sin perderse ya de vista
aquella plancha líquida que ondula siempre
á la derecha, llegamos á ella, la cruzamos
por un largo puente, que tiene á la entrada
dos largos macizos de rosas á uno y otro
lado del camino, y al cabo nos detenemos
en un diminuto muelle, el muro de conten-
ción del cual besan las ondas mansamente.

Y si desde lo alto de la carretera nos
convencemos de que la fama no miente, al

borde mismo de la desembocadura del Nalón nos persuadimos de que se ha quedado
corta. El río viene culebreando, ancho, cre-
cido, lleno, poderoso, como una llanura
inundada á través de un tapiz de praderas;
lame un cerro que sostiene en la cumbre un
castillo feudal de almenados torreones cu-
biertos de yedra, se dilata por el terreno y
se interna al cabo en el Cantábrico, cambiando sus besos con los de las olas en un
ósculo casto que apenas mueve espuma.
No hay barra terrible, no hay choque bravo. Son dos buenos camaradas que se encuentran y se abrazan. A un lado se halla
la aldeíta de San Esteban, trepando por los
escalones de un monte, entre manzanos,
castaños y quejigas, con sus gallinas y sus
solanas; al otro la Arena, con quince ó vein-
te casas, presas por las cuerdas y palitro-
ques de varios secaderos de redes; entre las
viviendas de los campesinos huele á heno
recién segado; entre las de los pescadores,
á sardina.

El oleaje del Cantábrico, bravo y espu-
moso, propónese entrar río arriba, pero se
detiene en la desembocadura, quizás sus-
penso ante el incomparable encanto de la
Naturaleza. Rumor de olas, murmullos de

hojas de árbol, paletadas de remo, chirridos de carreta, algún cascabeleo de coche de turista, alguna canción melancólica de pastorcillo, los robles que rezan, los pinos que gimen; hé aquí los únicos ruidos de esta soledad augusta, en que todo parece decir al viajero: siente y calla.

EL BOTE DE PLASENCIA

Hace algunos años, cuando el Pasaje de la Alhambra de Madrid veía trasponer su elegante cancela de hierro á lo más florido del gran mundo cortesano y penetrar en cierto fastuoso *atelier*, instalado en su recinto, era popularísima en estos contornos una silueta recia y membruda, que siempre caminaba con una caja de colores en la mano. Tratábase de un hombre de alta estatura, de luenga barba, enjuto, pero musculoso, de ojos insinuantes y, sin embargo, de dulce mirada de niño. No había labriego en la comarca que no le tratara ó conociera. Cuando le distinguían de lejos los campesinos, murmuraban con íntima complacencia: «Es D. Casto.» Nadie le llamaba de

otro modo. Hoy, bastante tiempo después de
su muerte, todavía «vive» D. Casto por acá,
entre rústicos y marineros. Tal le querían.

Yo he preguntado á un botero:

—¿Habló usted muchas veces con Plasencia?

—¡Plasencia! ¡Plasencia! No recordaba.
¡El pintor! ¡Toma! ¡D. Casto!

Y lo dijo con un acento triste de confian-
za, como de un amigo suyo muerto.

El pincel del gran artista ha populariza-
do el nombre y el lugar de Muros. Por si no
bastaba eso, creó Plasencia en el pintoresco
pueblo una colonia de pintores que le sobre-
vive, pues este año parece que ha venido
al adorable rincón el maestro D. Manuel
Domínguez con sus discípulos.

El deseo de atravesar el inmenso río se
impone. Allí hay una lancha. Un barbudo
y cetrino marinero, de remangado pantalón y desnudos pies, la acerca. Es una bar-
quita monísima, blanca como la nieve, en-
carnada y café por dentro, más limpia que
el oro.

—¡No pase cuidado, que no se mancha!—
dice el patrón.—En estos tablones podría
sentarse una señorita con traje de baile.

¡Inexplicable aseo!

En el cerdoso rostro del lobo de mar se asoma una sonrisa.

—¡Es que éste era el bote de D. Casto!

—¿De Plasencia?

—¡Sí, señor! Ahora verá usted la vela pintada por él mismo.

La despliega, con efecto, la pone al viento, y sobre la tersa lona se descubre un escudo en forma de paleta, con el nombre de *Angelinos*, escrito con caracteres góticos en su centro y el águila alemana de dos cabezas, símbolo del sitio del nacimiento del artista, en negro y de fondo.

—¿Y quién es Angelinos, Bernardo?

—Una niña del pueblo, que es hoy ya una moza, y con el nombre de la cual bautizó D. Casto su embarcación, legándosela al morir.

El honrado patrón no habló más, y guardó silencio. Refrenando mi indiscreta curiosidad de viajero, no intenté llegar hasta el corazón del idilio de ternura de que había sido protagonista la ignorada Angelinos, la rapaciña blonda que tal merced mereció del artista, á cambio de los infantiles besos que ella le daba de niña, cuando él se alojaba en su casa. Y mientras yo pensaba en la muchacha, con los ojos clavados en el mar,

el rudo remero exclamaba con «bronca»
ternura, sin dejar de bogar con sus infati-
gables brazos de filástica:

—¡Pues aunque no es mío, si viera usted
lo que yo y todos en el pueblo queremos al
«botecín» de D. Casto, que en paz descanse!

UNA SILUETA LÚGUBRE Y UN MONTÓN
DE ROSAS

La aldeita de San Esteban es tan apacible, tan recogida, tan misteriosa, que el deseo de recorrerla nos acomete en seguida á
todos los expedicionarios. Las casas trepan
por un monte, y algunas se cobijan bajo las
copas de los frondos y verdes árboles; diríase que cada castaño ó cada roble ha tomado por obligación el hacer compañía ó
dar sombra á una vivienda. No hay aquí, por
ende, propiamente calles. Moradas humildes con sus solanas de madera, erguidas en
los escalones del terreno, constituyendo
todo lo más manzanas. El edificio de mayor
importancia es una capillita con exvotos,
pobre y menuda.

Nuestra excursión constituye un acon-

tecimiento. A los pocos pasos, los chicos, los
perros y las gallinas comienzan á darnos
escolta. Las mujeres nos saludan, algunas
nos invitan con toda su alma á tomar algo,
lo mejor que posee en su hogar, su lujo:
chocolate. ¡Y no nos conocen! ¡Qué sencillez
de espíritu! ¡Qué honradas costumbres!
Hasta aquí no ha llegado el egoísmo de la
refinada cultura. Es un rincón inocente,
ignorante, que no sabe nada del resto de la
tierra, que vive guiado sólo por su corazón.
En uno de los rústicos balcones descubrimos
de pronto una figura que nos hiela de espanto; es un hombre barbudo y desgreñado,
con aspecto de náufrago, que nos mira sin
pestañear con sus grandes ojos abiertos, llenos de una tristeza enorme. Hállase tendido
é inmóvil, con la absoluta quietud de una
estatua. Una vieja nos saca de nuestra curiosidad. Se trata de un marinero que hace
años quedó paralítico, y al que su esposa
saca á que tome el sol. Contemplámosle un
instante, y sin poder dominar una profunda
emoción, le dedicamos una palabra de con-
suelo. El infeliz, condenado á eterna inmo-
vilidad, nos sigue con la vista, con sus pu-
pilas desesperadas. Nos ve andar, nos ve
alejarnos hacia su playa querida, hacia sus

olas no olvidadas nunca, y él se queda, se
queda sujeto, preso, convertido en mármol,
volando con el pensamiento, pero rígido y
acostado para siempre, clavado en el vola-
dizo.

Las frases cariñosas fueron oídas por dos
ó tres mujeres del pueblecillo. Al marchar-
nos para tomar el carruaje, asómanse á sus
solanas las vecinas y nos despide un coro
de bendiciones. La silueta lúgubre no se nos
borra á ninguno de la memoria. Hé aquí el
puente de las flores. ¡Pára mayoral! Baja-
mos y arremetemos con los dos muros de
rosas que orillan al camino. Hay muchas, menudas, finas, suaves, aporcelanadas; á vuelta de algun pinchazo, hácense las señoras
sus ramilletes, y la vista de los tímidos ca-
pullos nos alegra un poco el corazón, desva-
neciendo en él la figura sombría del hombre estatua de la solana.

XXI

A Gijón.—Luanco y Candás.

XXI

Á GIJÓN

Salimos de Avilés muy de mañana, en lo alto de un familiar, y en derechura á Gijón. Cruzado el puente que salva la ría, la carretera se aleja orillada de filas de árboles gigantescos; más que un camino real, parece una calle de un jardín.

Pronto comienza el eterno y siempre dulce motivo de todos los paisajes asturianos. La casería con hórreo, los conos de heno apilados para pasto del ganado en el invierno, los plantíos de maíz que ondulan, aquí la vaca que pace, allí el hombre que siega. Sin embargo, á pesar de su belleza innegable, la marina no posee el supremo encanto de la montaña. El terreno ofrece bastantes calvas, resulta más yermo, la frondosidad es menor. De item se observan bastantes pinares talados, algunos hasta sin

guías. ¿No hay aquí tanto amor al bosque,
ó la propiedad pertenece á grandes dueños?
No lo sé. El poseedor de muchos sotos, no
mira á los troncos como el pobre que plantó
su único arbolito.

LUANCO Y CANDÁS

Son dos lindísimos puertos del Cantábrico que sólo suenan entre los veraneantes
veteranos, entre los que saben elegir un
retiro tranquilo á orillas de las olas. Avilés, Gijón, centros de las expediciones estivales de moda en el Principado; el atractivo de las fiestas, de las iluminaciones, de
los toros, de los conciertos. Luanco, Candás, unas cuantas familias bien avenidas
con sus dulces soledades, el encanto del
reposo.

Ambos puertecitos se encuentran á más
de la mitad del camino, en la carretera que
enlaza Avilés con Gijón. Luanco es el primero que surge al paso. El coche toma por
su calle principal, y á la izquierda distínguese un balneario y una playa. El lugar merece que nos apeemos. Dos hileras de bañistas,

sentados en sillas, charlan á la puerta del establecimiento, y clavan sus ojos en nosotros, felicitándose del inesperado motivo de distracción que su buena suerte les depara. Viajeros de tránsito. El mar forma aquí una entrante abrigadísima, de fina arena, y el pueblo tiende por uno de sus costados en un alto, y reflejando en el agua sus miradores corridos de cristales, varias manzanas de casas de buen aspecto. Es notable su moderna iglesia de Nuestra Señora de la Pola.

Al coche, y otra vez en marcha. El terreno se ondula y comienza á subir y bajar. ¡Pues esto no vale nada! nos dice el mayoral. ¡Ya verán ustedes en Candás lo que son cuestas! Héle aquí: no ha tardado mucho en presentarse, y probar el aserto del guapo mozo leonés que lleva nuestras vidas en sus manos. El automedonte echa el torno á toda prisa, recoge el puñado de riendas, y el faetón empieza á patinar por un declive tremendo trazando una rápida vuelta en su término.

Atravesamos el pueblecito lentamente, al paso, echando una mirada á las estrechas calles que á uno y otro lado se distinguen. Una fonda, una plaza y un alma-

cén de conservas. El boulevard, sin duda.
De pronto nos hiere la vista un reflejo de
cosa bruñida, como de plata. Son cientos de
sardinas puestas á secar al sol en grandes
tableros. El olor al pescado es fuertísimo,
pero alegra la mancha acerada. Detenémo-
nos un instante para visitar en San Félix el
famoso Cristo, torpe escultura de un arte
primitivo, encontrada en el mar por unos
pescadores, corriente el siglo XVI, acerca
de la cual existen varias versiones; y en
marcha de nuevo. La playa es pequeña, estrecha y rocosa, pero simpática; un rincon-
cito más solitario aún que Luanco, sin balneario y con cinco ó seis casetas. La ola
debe de ser aquí dura y fuerte, y el baño
saludable. Doblamos un recodo y asoma un
muelle pequeño con un patache cargando.

En un gran trecho la carretera continúa con un muro de rocas á un lado, y el
mar al otro haciéndonos compañía. El sitio
es verdaderamente hermoso, con una hermosura brava. La cinta blanca del camino
cortada por las peñascosas revueltas, y el
oleaje plomizo extendiéndose hasta unirse
en la lontananza con el horizonte. Al cabo
el desfiladero termina, la campiña se ensancha, y el Cantábrico se va apartando de

nosotros concluyendo por perderle de vista.

El paisaje no ofrece nada de singular hasta las proximidades de Veriña. De pronto la carretera éntrase por un estrecho desfiladero que va describiendo una curva. El lugar es pintoresco si los hay. Un riachuelo manso que corre entre esa vegetación oscura, favorita de las aguas, y dos montes de verdes laderas, desde las cumbres de los cuales parecen haber dejado caer por sus faldas dos grandes mantas de felpa. Es un cañón misterioso, callado, de dulce quietud, de frescas sombras.

La vía del ferrocarril surge á la desem - bocadura del desfiladero; la cruzamos, y al corto rato, en un terreno liso y despejadísimo, en una llanura inmensa, comienzan á aparecer señales de una populosa ciudad, edificios aislados, casas sueltas. Por fin, tomamos por una calle de arrabal, con tiendas de rótulos alusivos al Musel en las muestras de su portada. Estamos en Gijón.

GIJÓN

XXII

El portalón de la ciudad.—La calle Corrida.

XXII

EL PORTALÓN DE LA CIUDAD

Sucédele á las capitales lo que á los edificios: una de las cosas que contribuyen á darles un aspecto monumental, es la entrada. De cuantas poblaciones conozco, ninguna aventaja á San Sebastián por tal concepto; la avenida de la Libertad es de lo más suntuoso que existe. Gijón está llamado con el tiempo á poseer un gran ingreso. La calle, ya trazada, que va desde la estación del ferrocarril á la ciudad, resultará de primer orden el día en que se urbanice del todo. Hoy es sucia, polvorienta, de mal piso, y la recorre en parte el ferrocarril minero de Langreo, que muy á menudo pasa por ella con sus convoyes de vagonetas cargadas de carbón. Mientras esta vía no se encarrile por otro sitio, la nueva ruta adelantará poco.

El viajero que arriba á Gijón en el tren percátase de lo que es la población en cuanto se mete en el ómnibus. A ambos lados del camino descubre varias altas chimeneas de ladrillo, que arrojan columnas de negro humo, y por donde quiera, agrupados en torno de los rojos monolitos de la industria, tinglados, naves, cercas, edificios, carros que van y vienen, un pueblo de obreros, en fin, que se entrega á sus faenas del día. Como nota característica del lugar, salta á la vista en el acto el color entre cobrizo y obscuro de todo: casas, empalizadas, piso. La tierra tiende al amarillo, las hojas al negro. Es, sencillamente, el polvo impalpable de hierro y carbón que flota en la atmósfera y se agarra á los objetos sobre los que se posa.

Ante tales muestras de esplendor, la sospecha nace espontáneamente en el ánimo: Gijón no vive del veraneo. Y así es. Tiene sus fábricas y sus cargaderos de hulla. Sólo que dotada de verdadero espíritu mercantil, á la manera de esos grandes banqueros que no desprecian negocio allí donde lo descubren, posee una playa de primer orden y la explota. Después de todo, es vieja y sabia máxima del Evangelio: «Ayúdate, y Dios te ayudará.» La naturaleza la ha dado el mar, y lo aprovecha, sin perjuicio de dedicarse á sus industrias.

Mientras el familiar llévanos zarandeando á nuestro albergue, repaso en mi memoria y en mis apuntes la historia de esta villa, honra del Principado. Apenas hay vestigios de la dominación romana en ella. Su nombre de Gegio suena por primera vez junto al de Munuza, su conquistador y supuesto esposo ó seductor de la hermana de Pelayo. Decaída luego, un García Fernández, servidor de Sancho IV y gijonés de nacimiento, obtiene, por no sé qué servicios al Rey, algo semejante á lo concedido al Conde de Rivadeo en tiempos posteriores: la merced, para sí y sus descendientes, de las ropas que usara el Monarca en Viernes Santo. Pero las páginas más salientes de los anales de Gijón corresponden á los reinados de D. Pedro el Cruel y D. Juan I, y son protagonistas de ellas dos mujeres. Durante el primero, hecha fuerte la ciudad, defendióla por fuga de su esposo contra el soberano memorable por su dura mano, la esposa de D. Enrique de Trastamara, y reinando el magnánimo pretendiente á la corona de Portugal y sitiada por sus ejércitos esta población, también por ausencias de

otro bastardo, Alfonso Enríquez, su consorte Isabel, hija natural del Rey de Portugal,
hizo en su recinto una resistencia heróica,
digna de mejor causa, y escapó por mar
después de incendiarle. Y hemos llegado á
la edad moderna y al alojamiento.

LA CALLE CORRIDA

Gijón tiene su Puerta del Sol como Madrid: la calle Corrida. Váyase á donde se
vaya, tómese por donde se tome, cualquiera que sea el proyecto del día, á la calle
Corrida enderézanse los pasos del viajero
cuantas veces sale de su alojamiento. ¿Dónde voy? se dice. A la calle Corrida, por de
pronto. Y aquí piensa su itinerario definitivo. El turista de sangre, después, empren-
de sus exploraciones ó sus paseos; el indi-
ferente, compra sus periódicos locales y
madrileños; recorre la acera de la sombra
arriba y abajo, curioseando la gente que
pasa y los viajeros que llegan; charla con
el barbero que le sirve, en la puerta de la
peluquería, oye la música de la banda,

toma su cerveza, y mata las horas en el
más elegante de los aburrimientos.

La calle Corrida tiene su similar en la
del Príncipe de Vigo y en la de San Francisco de Santander. En su primer tercio
posee grandes comercios á la moderna,
buen alumbrado, bancos y acacias. Pasado
el café de Colón, la nota distinguida de sus
principios desaparece, se democratiza, los
faroles son más escasos y de más antiguo
sistema. Como en nuestra madrileña Carrera de San Jerónimo, hay un trozo pre-
dilecto de la moda; el resto de la vía no
merece igual favor de la diosa voluble.
Arranca del muelle y concluye en la plaza
de Jovellanos. Un detalle singular. En ella
solamente hay cuatro ó cinco peluquerías,
y en sus afluentes se distinguen también
escaparates con pelucas. No conozco á fondo
á Gijón; pero sin duda ninguna no es ciudad
de poco pelo.

La calle Corrida se halla siempre frecuen-
tada, pero tiene sus días y sus noches de
moda: sus días son los domingos, de doce á
una de la mañana, en que toca en ella la música de regimiento; después del baño y de
misa, viene aquí la gente á oir una tanda de
valses. Sus noches son las en que le corres-

ponde en turno concierto por la banda de tropa, á cuyo fin se alza entre sus andenes un
tablado que se arma y se desarma y se quita para que no estorbe, concluida la sesión
oficial. Una especie de alma de Garibay de
madera.

Como corolario de lo dicho, huelga aña-
dir que la calle Corrida es el «Pinar de las
de Gómez» gijonés. No se le pregunte á la
mayoría de los veraneantes dónde está la
ermita de la Providencia ó la parroquia de
Ceares; no lo saben, ni han ido nunca;
pero interrógueseles acerca de la calle Corrida, y darán razón detallada de los que
han venido á tomar baños. La hora de la su-
sodicha vía, aparte de las de concierto, es
la del anochecido, y, por supuesto, no se
pasea por en medio buscando la cómoda holgura, nada de eso. Lo elegante es discurrir
por la acera del café de Colón únicamente
y en un trayecto de doscientos pasos, formando la concurrencia un macizo de muchedumbre tan compacto, que cada persona
pisa casi á la que lleva delante y siente
en la nuca el aliento de la que va detrás. Y
ya embutido uno en el verdadero ensam-
blaje humano, resulta ardua empresa salir
de él, de no caminar en la orilla; subiendo

de punto la dificultad, porque la acera se encuentra cerrada por una doble hilera de sillas de hierro, donde se sientan los admiradores comodones de semejante arrastrapiés. Nadie que se precie de *turista* selecto falta al desfile. ¡Pues no faltaba más!

XXIII

La playa.—El muelle.

XXIII

LA PLAYA

Puede Gijón envanecerse con ella. Es amplia, despejada, hermosa, extensísima. Desde su extrema izquierda, en la rompiente de Santa Catalina, hasta su extrema derecha, en la desembocadura del Piles, no alcanza la simple vista. ¡Qué lástima que ofrezca pocas comodidades al bañista «de chapuzón»! Porque «digan lo que quieran» (del maestro ilustre del periodismo, Ferreras) sus apologistas, resulta molesta, aunque sea fácil de remediar semejante tilde. Y no es, en verdad, por falta de balnearios, que le sobran, sino precisamente por abundancia de ellos y escasez de casetas.

En la baja marea quédase el mar muy lejos, quizás á 200 pasos de los establecimientos, con lo cual los aficionados á las olas tienen que darse un buen paseíto en traje de acróbata hasta arribar á su cuarto, con el amén de subir una regular escalera y enfilar un pasillo, que es una bendición, viniendo casi en cueros y empapado como un bizcocho.

Cada establecimiente apenas contará con 10 ó 12 casetas, pero además «no viste» por acá meterse en ellas, y tal vez por eso hay muy pocas. Sólo en la mitad de la playa se encuentran dos hileras á 15 céntimos baño, y por ende pertenecen al pueblo, al sabio pueblo, que se propincua las mejores ablu- ciones, porque al abandonar las ondas se halla sus casetitas aguardándolo «al pie» mismo del agua.

Otro balneario existe en la base del ce- rro de Santa Catalina, por detrás de la igle- sia de San Pedro, y es sin duda el mejor si- tuado por no ser el lugar de su emplaza- miento arenoso; mas su recinto no es á pro- pósito para la exhibición, «no es palco», y, en consecuencia, no goza del favor del pú- blico. El eterno femenino... y masculino, seamos justos, porque, si explicable es la coquetería de la mujer, siempre sacada á plaza, y al cabo natural en su sexo, no lo es en cambio la del hombre, eterno y estúpido Narciso.

Como en todos los sitios de baños vera-
niegos, la mañana, en la vida estival gijonesa, es de la playa. Ciertos días de la se-
mana la banda de regimiento contratada durante los meses que afluyen los turistas,
toca de diez á doce en un tablado con barandilla, que sirve de paso á dos balnearios.
Entre las columnas de hierro que sostienen
esta plataforma colócanse varias filas de sillas, y mientras la música entona sus walses
y mazurcas arriba, la gente pasea abajo sobre la arena, al alcance de la música y en
presencia de los que se establecen filosófi-
camente en su asiento. Por una «perrona»
el mar, la zarzuela de moda, muchas caras
bonitas y algunos semidesnudos. No puede
ser más barato.

Sin embargo, las clases extremas des-
deñan el concierto. Los viajeros de ida y
vuelta, de segunda, los de corto peculio,
atentos sólo á darse sus bañitos, se agrupan
allá á la derecha en sus casetas, chapuzando
á los chicos anémicos, á las consortes re-
dondas; y los elegantes, la crema, la sangre azul, se reune en el estrecho balcón del
balneario de las Carolinas, invadiendo el
pasillo mirador y entablando en él su ter-
tulia y su fuego graneado de sonrisas, cum-

plidos, lisonjas y tijeretazos. Un detalle para
los aficionados. En la playa de Gijón no pri-
va el desnudo. Salvo las forasteras, que
gastan traje de calzones, la prenda aquí en
uso es un largo túnico sin entallar.

EL MUELLE

Al contrario de lo que sucede en otras
capitales, población y muelle hállanse en
Gijón en estrecha vecindad. Apenas se desemboca de la calle Corrida, se encuentra ya
uno en presencia de los mástiles y de las
grúas. El lugar es amplio, espacioso; los
diversos malecones que lo cruzan constituyen excelentes fondeaderos. El de los humildes barcos de vela, el de los vapores de
poco calado, el de las lanchas pescadoras,
junto á la calle que comunica directamente
con la ciudad. Bahía adentro, la dársena
antigua, el cargadero de las minas de Langreo, con su rosario de vagonetas en alto
sobre un viaducto de piedra, otros abrigos
con buques de mayor porte, casetones, ga-
ritas, atracaderos, un laberinto de palos y

zada del puerto, tiene en su pie un andén enlosado, abrigadísimo, que ha de constituir un excelente paseo de invierno. Desde este lugar, al presente en obra para ensancharse, por lo que le obstruyen multitud de bloques, se sube por pinas escalerillas al pretil de la muralla.

Las faenas propias de un puerto mantienen al de Gijón animadísimo durante el día. Sobre todo para los que somos de tierra adentro y solamente disfrutamos del espectáculo un mes, el cuadro resulta siempre de un atractivo irresistible. Pero la hora artística del muelle es la primera de la noche, contemplado desde el pretil del rompeolas en el instante en que se encienden las luces. De pronto brotan en la oscuridad los intensos resplandores blancos de los focos eléctricos y los puntos rojos y verdes de los faroles de señal, cada uno trazando una línea vertical de su color, que cae en el agua, donde se deslíe y esparce temblorosa sin desaparecer; comienzan á brillar en el espacio con fulgor débil los farolitos de los barcos colgados en las vergas, como miriadas de constelaciones; la fonda de la cortina enciende todos sus balcones, abiertos de par en par, que resultan otras tantas ascuas, y al refle-

jo de tan diversas luminarias surgen las líneas de los malecones, negras como un di-
bujo al carbón.

¡Pobre y simpático muelle! Es un enfermo. Ya no tiene fondo capaz para vapores de alto bordo. ¡Qué pena ver á lo mejor
anclado frente al puerto, fuera de bahía, sin
tratarse de ningún trasatlántico enorme,
que los tales ya no vienen por aquí, qué
pena ver un buque para el que no hay agua
suficiente dentro, él que, reinando Felipe II,
y fueran éstos ú otros sus malecones, sirvió
de refugio á algunas de las naves de la des-
trozada Invencible, por lo que los marineros de la villa fueron exentos del servicio
de remos y armas! Esta compasión me lleva
forzosamente á echar mi cuarto á espadas
en un asunto local en que no quisiera ha-
berme metido, y que aquí mantiene dividi-
das á las gentes.

A los dos días de llegar á Gijón, ya se
halla uno enterado de lo que son muselis-
tas y apagadoristas, ó lo que es igual: los
partidarios de la construcción del muelle
nuevo, hasta ahora triunfantes, y los de la
ampliación del viejo en derrota. Mi opinión
indocta en una cuestión que además no
conozco, nada significaría. Pero cumpliendo

un deber de cronista, de observar y contar,
he observado y cuento. Sostienen los apagadoristas, que tal vez el futuro puerto, y
no lo dudan, será el modelo de los puertos,
pero que la reforma del actual, en un país
pobre, indolente y tornadizo como el nuestro, hubiera resultado más práctico. El que
ahora existe habríase ampliado en pocos
años; el que se levanta constituye un hermoso sueño de color de rosa, que llegará á
realidad cuando la generación que hoy juega, descalcita, en la playa, eche bigote. Por
otra parte, el Musel equivale á la muerte
de Gijón, añaden. Las nuevas dársenas darán origen á una nueva población. Los mu-
selistas, en cambio, aseguran que el «suyo»,
bien abrigado de los vientos, traerá á los
buques, hoy dispersos, ofreciéndoles el mejor fondeadero del Cantábrico y favorecien-
do la salida de los carbones. Y me escapo
de esta camisa de once varas en que me he
metido, deseando con todas las veras de mi
alma, y en bien de tan laboriosa ciudad,
que los temores de muchos no se realicen,
y que terminado el de Musel y ampliado el
de Pando, una los dos puertos una gran capital de primer orden.

DESDE EL FARO Á LOS CONTRAMAESTRES

Gijón se encuentra defendido por un cerro, en la cumbre del cual yérguese el faro
de Santa Catalina que da también nombre
al monte. Puede escalarse la cima desde el
muelle y desde la playa. Tomando esta última por punto de partida, súbese por una
no muy suave pendiente, que tiene siempre
á la derecha el mar, y una vez arriba, desde la eminencia en que se enclava la torre,
se goza de un panorama soberbio. En el
amplio frente, la inmensidad del agua, en la
que se distinguen aquí y allá, como puntos
blancos, las velas de las barcas de pesca y
las estelas de humo que van dejando en el
aire, ya un vapor que pasa de largo, disfuminado en la distancia, ya un buque que se
acerca en demanda del puerto, y que á medida que se aproxima acusa con minuciosidad sus contornos há unos instantes inde-
cisos.

A la izquierda, al pie del cerro, dibuja
los distintos muros de su recinto el muelle,
con sus barcos de cabotaje medio tumbados

y en seco en la baja mar, sus haces de mástiles, su cargadero de carbón con sus vagonetas, sus casetones de la sanidad y de la aduana, y sus bloques de las obras esparcidos á manera de grandes dados por el paseo de losas del rompe olas protector.

Un secadero de redes erguido en la parte del cerro que mira el muelle, revela el barrio de la gente de mar. Ahí está, en efecto, dominando el puerto, al pie del monte, y al lado izquierdo de la plaza de la Constitución. Es un poblado laberíntico de retorcidas callejas, estrechísimas, de casas humildes, y en su mayoría vetustas, en las ventanas de las cuales ó en los interiores de las viviendas, por las abiertas puertas se vislumbran útiles del oficio, corchos de flotar, trabazones de cáñamo, blusas y calzones de hule, botas de agua, de gruesas suelas. Y por si quedara duda, los transeuntes que se encuentra uno en estas angostas travesías, saliendo y entrando en los portales, son viejos lobos de sotabarba cerdosa, patrones de barco, boteros, pescadores, todas esas honradas y salitrosas figuras que se pasan la vida en las vergas de un buque, y que cuando andan por tierra, acostumbrados al vaivén de la nave, zarandeada por

las olas, no saben dar un paso sin el balan-
ceo hijo de la costumbre. El lugar es relati-
vamente exiguo para el número de marineros que en él se albergan con sus familias.
Así resulta este honradísimo y pobre rincón
de la ciudad una verdadera colmena.

XXIV

Somió.—La selva, su hada y su ogro.—La ermita de la Providencia.

XXIV

SOMIÓ

Así dice el tarjetón colgado en una banda
del tranvía. El coche va á partir. Subamos.
Por algo mi buenísimo amigo Rafael Serrano Arroyo, docto catedrático del Instituto de
Jovellanos, me aconseja que ocupe un extremo del asiento. Dejadas atrás las últimas
casas de Gijón, el vehículo toma por un camino orillado de quintas con jardines que
asoman las copas de sus frutales y las redes
de sus madreselvas, ya sobre los bardales
de sus tapias, ya por entre los barrotes de
sus verjas de hierro.

Un puentecillo de pretiles de piedra, dos
golpes de maleza en las orillas, un grupo
de árboles en cada lado, empinándose para
mirarse en el agua, un poco de tremedal y
otro poco de corriente tranquila y mansa,
que pasa lamiendo los guijarros del lecho

sin mover ruido. Es el Piles. Más allá hacemos estación en un poblado. Por la derecha se aleja entre cercas de camberones una carretera. Es la Guía. Más hoteles; la mancha verde siempre. Al fin. El tranvía se detiene. Hé aquí Somió.

Una plaza singular. Constitúyenla un cuadrado de árboles de alto tronco que juntan sus copas formando un toldo espesísimo; cada tronco tiene en su pie un asiento de piedra que le rodea. El efecto es el de una serie de columnas surgiendo sobre basas circulares de granito, por un agujero abierto en su centro. El pueblo es sencillo, apacible, sosegado, y en su término se alzan varias quintas con huertos y jardines, entre ellas las de Pidal, Duque de Tarancón, Jove Llanos, Fernández Vallín y Obispo de la diócesis. Siguiendo la carretera de Villaviciosa, merecen mención las de Cifuentes, Revilla-Gigedo y la famosa denominada la Isla. Varias callejas nos brindan sus túneles de verdura. Dejémonos conducir á la ventura y enderecemos nuestros pasos por esa trocha en cuesta que nos convida con su misteriosa quietud y dulce claridad.

LA SELVA, SU HADA Y SU OGRO

Es un verdadero bosque virgen ameri-
cano el en que acabamos de penetrar, tan
espeso, que siendo las tres de la tarde de
un claro día de sol, á los pocos minutos adelanta uno envuelto en suave oscuridad de
anochecer. Bien es verdad que esto deja ser
calleja para convertirse en galería. Abedu-
les, fresnos, hayas, robles, pinos, ¡quién
sabe las especies arbóreas que crecen en
las orillas del sendero! Pero lo que da al
sitio una nota salvaje, es la enorme red de
trepadoras que extendiéndose como fina tela
de araña por el arbolado, enlaza los troncos
con una urdimbre de cuerdas y filamentos,
que trae á la memoria las arboladuras de
las antiguas fragatas. Esa vegetación pa-
cienzuda de todas las selvas, que en su afán
de subir no respeta nada, ha realizado aquí
los más extravagantes, pero los más bellos
caprichos. Álamos forrados de arriba abajo
de yedra, guirnaldas de hojas muy menudas, que penden como sartas de un collar
de una á otra acacia, hilos verdes que cuel-

gan balanceándose á manera de fleco. En algunos sitios la maraña es más clara, y se distinguen á los lados praderas naturales de un esmeralda intenso, salpicadas aquí y allá de castaños. Millares de pájaros invisibles alborotan por entre las inquietas frondas. Es el único ruido del paraje. Fuera del pitorreo, reina en él un silencio que resultaría medroso si no poseyera una suprema dulzura.

Pero... ¡á ver, á ver! ¡Es una voz humana, una voz femenil, una voz que canta! Escuchemos. La voz «oculta» entona una sonata de un ritmo cadencioso y lento, lleno de melancolía. El motivo es siempre igual: de cuando en cuando viene una pausa, y torna á repetirse. Es una historia de moros y cristianos, una melopea en que se entienden las palabras caballero y castillo y odalisca y amores. El acento agudo y fino revela una jovencita. Semejante leyenda, lanzada al espacio inopinadamente en estas umbrías solitarias, produce un efecto maravilloso. Parece que las hojas han callado y que los pájaros han enmudecido para oir. ¡Ah! La selva tiene su hada. ¡Chist! Acerquémonos con cautela, apartemos con cuidado la maraña espinosa. El sonido brota ahí, á la derecha. Una aldeanita y una res. El hada del bosque es una campesina que cuida de su vaca mientras el animal pace en la pradera.

Sigamos sin mover ruido para oir la melopea mientras la distancia lo permita. Si la aldeana advirtiera el espionaje enmudecería. Las campesinas, como los ruiseñores, no cantan más que en la soledad. La voz se va quedando atrás, se va debilitando, se apagó.

Acabáronse las galerías. De pronto salimos á terreno libre, al borde de una barranca profunda, de un ramblazo. Aquí hay ya horizontes, perspectivas. ¿Eh? Enfrente, á la otra orilla, por una rompiente de la vegetación abierta en una espesura de un robledal, asoma un ojo, ojo único inmóvil, quieto, de cíclope, ojo clavado en nosotros con fijeza como si nos amenazara. ¡Dios mío! Es el ogro, el ogro del bosque que acabamos de dejar, que tal vez nos ha visto espiando á su hada. ¡Pero, no! ¡No hay que asustarse! No es un ojo de ogro aunque lo parece, es la ventanita de una casa medio escondida entre los *carbayos* obscuros que se abre en una rompiente de vegetación orlada de hojas.

LA ERMITA DE LA PROVIDENCIA

Se alza en la cumbre, en la altura á que
venimos subiendo desde Somió, y es una
capillita humilde, con su santo, su cepillo de
limosnas, su luz y su verja de madera. El
terreno es aquí despejado, lomas que se enlazan surcadas de matorrales, de maíces, y
en algunos sitios de cardos. Desperdigadas
por la especie de altozano á que hemos arri-
bado, se distinguen varias caserías blancas.
La temperatura es fresca y acre, purísima.

Pero el gran encanto, el encanto enorme del sitio son sus vistas. Por donde quiera que se tienda la mirada, se descubre una
masa de agua que no se acaba nunca, el
Cantábrico, en esta sazón sereno y quieto.
La altura del sitio permite distinguir con
rara minuciosidad la costa, el zigzag de sus
entrantes y salientes. Desde la extrema derecha se cuentan hasta siete radas rocosas,
en las que el oleaje al chocar en las peñas
dibuja una continua línea blanca; á la izquierda sale bruscamente en la lejanía, internándose en el mar, el cabo de Peñas, al

frente un plano que cabrillea herido por el sol y cortado por el horizonte. Gijón queda oculto á nuestros pies, en la hondonada.

La tarde agonizando, el sol poniéndose, apagando su lumbre en el agua después de encenderla, el mar en calma, el campo solo, y la brisa soplando de las olas empeñada en llevarnos los sombreros para sacarnos de nuestro éxtasis. ¡Momentos solemnes! Es preciso verlo para comprender la majestad con que el día se despide de la tierra, con que llega la noche, con que la última luz del crepúsculo se aleja rozando las ondas.

Un deseo nos arranca á la muda contemplación: el de llegar al mismo borde del Cantábrico. Está ahí abajo: á un tiro de pistola. Aprovechamos la postrer claridad del vesper para descender á la carrera, y á vuelta de unos cuantos equilibrios en las rocas, arribamos á un arrecife en el que la marea se estrella levantando montañas de espuma. ¡Qué estruendo! ¡Qué galopar de las olas persiguiéndose! ¡A ver ésta cómo revienta! ¡A ver aquélla! ¡A ver la otra! Verdes, moradas, hinchadísimas, gigantescas. ¡Aquí permanecería uno toda la vida con los ojos abiertos!

Hay que arrancarse á la obsesión; es tarde. Desandamos lo andado, y á poco, nos sentamos todos los expedicionarios en corro, junto á una casería, mientras que Rafael Serrano Arroyo, que había desaparecido, se presenta con una gran jarra de leche de vacas, recién ordeñada, dispuesto á tomarse cinco vasos. Que se tomó.

Pero apenas si el crepúsculo nos permite paladear la sabrosa merienda. Precisa aprovechar la luz. Tornamos á hundirnos en las umbrías, y ya de noche llegamos á Somió, donde las señoras toman el tranvía á duras penas, mientras Serrano Arroyo y yo echamos carretera adelante, envueltos en las tinieblas, hablando de la revolución francesa y de la inmortalidad del alma, y qué se yo de cuantas sublimidades más provocadas por el lugar y la hora propicia á la expansión, y en la que mi colega me demuestra, á la vez que su profundidad de entendimiento, su manera de sentir análoga á la mía. Las olas de la playa de San Lorenzo nos sacan de nuestro diálogo y de nuestro éxtasis con su rumor.

XXV

Las cigarreras.— La vendedora de pescado.— Los serenos.

XXV

LAS CIGARRERAS

Es una de las siluetas gijonenses de más color local, en nada parecida á las de sus colegas madrileñas y sevillanas. La cigarrera de Madrid, como la de Sevilla, es lo que en el bárbaro tecnicismo de moda se denomina una flamenca: el tipo clásico de la chula. Su sonrisa es procaz y burlona, sus ojos atrevidos, sus ademanes desenvueltos; todo su continente respira desenfado y bravura. Gastan patillas, y su indumentaria constitúyenla el mantón de lana y el pañuelo mascota, generalmente caído sobre la espalda, para lucir el peinado, obra maestra en la que cifra su orgullo. A la primera mirada se la adivina: es una hembra de pelo en pecho.

La cigarrera de Gijón es el tipo opuesto. Su aire, sin dejar de ser decidido, resulta más pudoroso, carece de ojos centellas y no se peina con tufos. Su indumentaria no posee nada de particular. Viste como cualquier señorita modesta, con sus mangas de farol y su obediencia al figurín, llevando descubierta la cabeza, sin el velo que exige el traje. Así ataviada, se asemeja más bien á la oficiala de obrador de la villa y corte, salvo el no usar mantilla.

En lo físico la diferencia se agiganta. La cigarrera madrileña, al igual que su compañera la sevillana, es menuda, delgadita, cimbreante, avispa, todo ojos y nervios, vivísima de carácter, impetuosa en sus sentimientos; la gijonesa es alta, llena, espléndida, estatuaria, toda morbidez y exuberancia, reposada de temperamento y contenida en sus voliciones. Quizás en el fondo lata idéntico fuego, la misma independencia, pero en lo que se exterioriza se reflejan las distintas cualidades de raza: la primera simboliza la delizadeza, la segunda el vigor. La una tiene el atractivo de lo fino, la otra el de lo fuerte.

No hago más que estampar una ligera impresión. En la coronada villa no se tropieza uno con una cigarrera ni para un remedio, fuera de los círculos á que ellas asisten. Aquí se las ve en paseo, y ¡cosa singular! casi nunca solas, sino apareadas, según sus amistades.

LA VENDEDORA DE PESCADO

—¡Muchachas! ¡*Xardes* de ahora mismo! ¡Comprái *sardines!*

Este pregón, lanzado á voz en cuello por un acento gutural de mujer, repercute á cada instante en las calles de la gijonense villa: son las vendedoras de pescado fresco. Pero lo verdaderamente extraño del grito es su desentono, lo rasgado del ritmo, si así puede llamarse al cántico chillón de la mercancía. No es un alarido, es un tremendo gallo.

Asomémonos al balcón. Ahora pasa una vendedora. Va descalza, y en su semblante curtido por el aire del mar se refleja una bravura indomable. Cuando abre la boca y contrae los músculos del rostro para lanzar su grito adquieren sus facciones un distendimiento que acentúa su dureza: es un pregón escapado á una cariátide. Según costumbre del país, lleva envuelta la cabeza

en el anudado pañuelo, y sobre el cráneo
carga la banasta chorreante y atiborrada de
sardinas de plata, acabaditas de salir de la
red, coleando aún.

Es el único pescado que he visto vender
aquí por las calles. Las demás familias, ó se
mandan al interior ó las acaparan los fon-
distas. En cambio, de sardinas hay á diario
una verdadera invasión, un tropel que no
se agota. Todas las noches traen al muelle
las barcas millares de ellas, y á la mañanita siguiente, y á veces en la misma tarde,
cuando arriban los botes antes de oscurecer,
se pregonan por las mujeres, que las esperan en el mismo atracadero. De tal suerte,
resultan como en pocas partes jugosas, fres-
quísimas, sin perder su aroma de mar, y
rivalizando por lo fino de su carne con la
del salmón. Un manjar selecto, en suma,
que en nuestras distantes capitales de tierra adentro, constituye si acaso un plato es-
timable.

LOS SERENOS

Sombrero alto con alas rectas y capa
larga de paño sin esclavina, uno y otra ne-

gros. De tal guisa vestida, acaba de brotar á nuestro paso una singular figura que se diría abortada por la noche y que ha cruzado la calle.

Los focos eléctricos, las luces del gas, los brillantes escaparates, el interior encendido de los cafés, el tranvía, cuanto constituye la característica de estos modernos tiempos, todo ha sido eclipsado por la anacrónica silueta que ha surgido de repente ante mis ojos. Quizás á la claridad del día no resulte la semejanza tan completa. De noche, en la sombra, sin apreciar detalles, no cabe duda alguna: esa negra figura de capa larga es un alguacil del siglo XVII que va á hacer su ronda.

La fantasía, incitada por la aparición, vuélvese en el acto al ayer de las aventuras galantes, de las escalas de seda, de las rejas, de las estocadas, y se tienden los ojos á la calle por donde la extraña silueta ha salido, esperando que siga el pelotón de corchetes á su compañero. Nada. La gente que se retira á dormir, los comercios que comienzan á cerrarse; con disimulo busco por debajo de la capa del hombre enigma la contera de la tizona. No la distingo. No se le ve la varita, signo de autoridad. Por el por-

te no cabe creer que se trata de un corre-
gidor.

Un amigo, del país, acierta á pasar. El
me sacará de dudas, él despejará la incógnita, él me aclarará el misterio. ¡No te rías!
Pero ese hombre es un alguacil de tiempos
de Quevedo, ¿verdad? ¡Qué disparate! ¡Si es
un sereno de la villa!

XXVI

Una fecha y una estatua.—Su casa y su obra.

XXVI

UNA FECHA Y UNA ESTATUA

Descubrámonos con respeto. Ese rótulo conmemorativo de una fecha, y esa estatua alzada en el centro de un jardín, al alcance los dos de la mirada del que pase, son una reparación día por día con que la posteridad, piadosa siempre y siempre justa, pretende hacer olvidar la mayor de las injusticias cometidas en el presente siglo. Para llegar á esa fecha y á esa estatua, ha tenido que lucir la aurora de tiempos libres, de épocas nobles en que la emisión del pensamiento se considera sagrada y lícita, no acreedora á una mazmorra, sino digna de un tabernáculo.

Pero por algo el progreso es el resultado de una gestación, parto difícil no logrado sin sangre. Esa fecha y esa estatua representan el coronamiento de la obra, son

la apoteosis, triunfo último del hombre reservado á la fría mano de la muerte. Las
premisas de la inscripción y del monumento
constituyen una historia tristísima de lágrimas y de sacrificios, una senda de espinas
recorrida con la sonrisa en los labios, sin
dar albergue en el enojado pecho á la ira,
con la fe en Dios y en la idea tomada por
estandarte, sin retroceder nunca, por grande que fuera el obstáculo, perdonando con
una abnegación sin límites, olvidándose de
sí mismo para no pensar más que en la patria.

Es ley de la historia cumplida por lo regular. Casi siempre una inscripción ó una
estatua, ó ambas cosas juntas, como aquí sucede, significan un desagravio, las ha mo-
tivado el martirio. Los que marchan detrás
ven á los que van delante, y los ven de espaldas, donde las generaciones como los in-
dividuos tienen sus grandes faltas, sus de-
fectos y sus crímenes. De aquí esa reparación con que, andando los siglos, unos hombres atenúan los desaciertos de otros hombres, y que demuestra lo inmutable de la
justicia divina, que no olvida nunca de cum-
plir lo que no supo hacer la humana; de aquí
esa fecha del 6 de Agosto, titulando una pla-

za, que recuerda la vuelta de un desterrado
al país nativo después de siete años de in-
justa prisión, y esa estatua de Jovellanos,
el insigne patricio que me ha sugerido tales consideraciones, alzada en el centro de
un jardín, á tiro de las miradas de todo el
que pase.

SU CASA Y SU OBRA

En esa casa nació, á esa casa vino á pa-
rar á su vuelta del cautiverio, y no de moros, sufrido en Mallorca. La casa es la se-
ñalada con el número 2; la fecha del regreso
es la que da título á la plaza. Espíritu noble, levantado, ganoso del bien de la humanidad, de la dicha de sus compatriotas,
del auge de su país, anhelaba Jovellanos,
deseo natural del corazón, que á cambio del
óbolo aportado con la labor de toda su vida,
se perpetuase su memoria de una manera
sencilla; no quería monumentos, sino algo
en recuerdo de él. Poeta tiernísimo, su imaginación le sugirió un emblema lleno de
dulzura: un sauce que se denominara con
su apellido. Acaso el suyo es uno de esos

que todavía se yerguen alrededor de su estatua.

No lejos de aquí, al promedio de una calle ancha que arranca de esta plaza y termina en la playa, álzase el edificio del Instituto, la obra loabilísima de Jovellanos, el pensamiento de toda su vida, realizado á costa de mil sinsabores, contra viento y marea de las circunstancias, aspiración á la que se convertía su mente hasta en los instantes más tristes de las persecuciones de que fué objeto por parte de sus enemigos. Hace precisamente un siglo en el año de gracia en que Dios se ha servido permitirme ver los testigos inanimados de tantas grandezas y tantos infortunios. En 1794, ansiando el ilustre Jovellanos dotar cuanto antes á su villa querida de un centro de cultura que la honrase y que fuese á la vez digno de ella, inauguraba las enseñanzas del Instituto de una manera modesta en una finca de su hermano D. Francisco de Paula. Hoy, en 1894, el Instituto se halla instalado en su edificio propio, con sus notables museos y gabinetes y sus varias enseñanzas, entre las que se cuentan la de Náutica, instituída con sabia previsión por el ilustre D. Gaspar, atento al carácter del pueblo en que se establecía, para darle buenos mineros y hábiles pilotos. Su fundador logró ver por su fortuna construída la casa de piedra en que había soñado instalar el establecimiento docente de sus ilusiones. La Providencia no le negó esa inmensa dicha, acaso una de las pocas halladas entre sus grandes penas.

El rostro de la estatua conviene con el de los grabados que yo he visto y con la pintura que del gran patricio hacen escritores tan ilustres como Cean Bermúdez primero, y Canella Secades y Somoza de Montsoriú después. Grave de semblante, dulce de facciones, la expresión de la cara suave y serena, el óvalo prolongado. De igual modo era de alma cándida é inocente por su propensión al bien, de entendimiento claro y no dado á tumultos ni utopías, de sentimientos piadosos y de sensibilidad exquisita.

No me propuse hacer su biografía. Ni me considero con méritos y fuerzas para lograrlo, ni cabe en estas notas de viaje, en que sólo hablan la imaginación y la memoria, y para eso á escape, con las palabras contadas, otra cosa que dedicar una salutación y un recuerdo al grande hombre, al filósofo, al economista, al literato y al mártir de sus creencias, nacido por su desgracia con un cerebro que veía claramente el porvenir, que pensaba adelantándose á los suyos en cincuenta años, y en una de las épocas más luctuosas, eterna é imborrable mancha de nuestra historia nacional.

El cuerpo de Jovellanos duerme el eterno sueño en un sencillo sepulcro de la iglesia de San Pedro, vecina al mar. Allí, en el lado del Evangelio, por encima de una larga y elocuente inscripción que sintetiza la biografía del muerto, vése su busto sobre el coronamiento del sarcófago, revelando, á la vez que el epitafio, de quién son las cenizas enterradas tras de la losa.

XXVII

El bable. — El concejo.—Coda.

XXVII

EL BABLE

Estos prados idílicos, estos valles bucólicos, esta nota de égloga del Principado, necesitaban un lenguaje dulce que los expresara, y lo tienen: el bable. La onomatopeya es la piedra miliar de todo humano idioma, el cimiento eterno é indestructible, como los bloques latinos, de las fábricas del gran pueblo antiguo llegados hasta nosotros. El sol fuerte, que abrasa y deslumbra; la luz meridional encendida, con fulgores de ascua; la naturaleza impetuosa y y lujuriante, el cielo azul, determinan costumbres arrebatadas, caracteres abiertos, imaginaciones volcánicas; la j, con todo su vigor árabe de pronunciación. El astro, fuente de vida, pálido y melancólico; el resplandor tenue y apagado; el campo tímido y pudoroso; el horizonte gris da origen á

una manera de ser nostálgica y triste, en-
gendran la ñ la ll los sonidos como murmullos.

En cuanto se entabla conversación por
acá con cualquier hijo del país, es seguro
oírle algún diminutivo á la segunda palabra. El diminutivo es indudablemente una
exigencia del espíritu, disgustado de no ser
bien traducidos sus sentimientos en el vo-
cablo. El supremo cariño no podía conten-
tarse con la fría frase corriente, é inventó
el diminutivo, es decir, algo más íntimo,
más gráfico, más ceñido á la sutilidad del
amor ansioso de exteriorizarse. Los asturianos tienen una decidida afición al diminutivo, y así lo usan á granel, resultando
sus diálogos saturados de una dulzura encantadora. El *in* y el *ina* es la nota predo-
minante en sus coloquios, sembrada en su
dicción con la abundancia que la hierba en
sus prados. Por tierra adentro, en nuestro
vigoroso y robusto castellano, decimos, por
ejemplo: un niñito ó una niñita. Aquí pro-
nuncian: una *rapacina* ó un *rapacín*; lo que
es más menudo, sin duda alguna, más infantil, más tierno.

Tienen, además, los asturianos, revela-
ción de su naturaleza sosegada y de su ca-

rácter apacible, la tendencia á posponer el
pronombre personal uniéndolo á las palabras; pero no como los castellanos alguna
vez, casi siempre en el lenguje literario,
muy pocas en el familiar y de uso diario,
sino en todos los casos, á cualquier hora, en
la expresión habitual de sus pensamientos.
Así emplean el *fuese* y el *mándeme*, y el
díxome.

Costumbre tal, el reposo en la pronunciación cadenciosa, con algo de cántiga, y el
carácter reservado, poco gustoso de las con-
fidencias y de la charla, dan al bable esa
nota concisa y grave, pero á la vez dulce y
solemne, que le distingue. El folklore astú-
rico cuenta con una copiosa riqueza de com-
posiciones escritas en el dialecto indígena.
Recuérdese á Teodoro Cuesta, el gran poeta todo corazón, y entre sus poesías la dulcísima *Vida de la aldea*; recuérdese á Ace-
bal con su *Fonte de Fascura*, y recuérdese
á Caveda con su incomparable y sentido
idilio *El niño enfermo*.

Teorías filosóficas, parentescos con el
castellano antiguo, orígenes del dialecto,
mil cuestiones linguísticas que los sabios
debaten. Yo no lo soy. Vengo al hermoso
Principado con todos los poros del alma

abiertos, oigo hablar á sus naturales, escucho sus cantos, me embeleso, y sin meterme en supremacías, valeres y demás libros de caballeros andantes, lo digo á la pata la llana, para traducir de alguna manera mi entusiasmo y desahogar el pecho de la tierna emoción despertada en él por el dejillo melancólico del bable.

EL CONCEJO

Cuantos animados de un verdadero espíritu moderno, amen la libertad y la consideren como una preciada conquista de nuestra centuria, tendrán que rendir parias á esa institución secular asturiana que persiste á través de los siglos firme y entera, y que se llama concejo.

El concejo es el símbolo perdurable durante los pasados tiempos de la democracia. La flor, lozana luego, y el fruto ópimo, recogido en nuestros días, germinaron en aquella noche obscura de la Edad Media, por lo que á España se refiere, entre las cuatro cercas de cualquiera de estos valles. Impuesta por las circunstancias de fuerza, hija legítima de una edad de hierro, surgió al pie de la santa cueva de Covadonga, á la vez que el poder real, el guantelete de una nobleza que había de pretender azotar al cabo á quien se opusiera á su preponderancia. La necesidad, las circunstancias mismas, el equilibrio que se impone en la sociedad como en la naturaleza, hizo crearse entonces esas históricas juntas de vecinos, de hombres del terruño, sujetos al señor, sin voluntad propia, pero en los que quedaba depositada para el porvenir una semilla que habían de inculcar los tiempos. La libertad es descendiente legítima del concejo.

Yo no sé si su organización es la misma, ó la evolución, ley de la vida, la ha cambiado. Repito lo dicho en otra parte. Observaciones de viajero, trascritas á la carrera, tomadas al vuelo todas y no comprobadas muchas, me limito á contar lo que voy viendo y á decir lo que juzgo de cuanto veo, á trueque de soltar más de un disparate. Vaya en gracia á la intención. El concejo era prenda sagrada para el Principado, como debía de serlo por lo que significa, herencia santa, digna de ser respetada por las generaciones sucesivas. Todas la han respetado, y al cabo de los siglos el nombre de concejo se pronuncia en los valles astúricos y la institución concejil permanece firme como un viejo baluarte al que trepó la yedra, pero del que no se tambalea ninguno de sus bloques.

CODA

Gijón es más ciudad fabril que artística. No existe, pues, en ella nada de monumental. Sus edificios notables, apenas llegan á cinco ó seis: los palacios de Valdés y de San Esteban, los templos de San Pedro y San Juan, el Ayuntamiento, el Instituto. Su único paseo de importancia es el de Begoña, amplio, con buen arbolado; su local mejor de espectáculos el de los Campos Elíseos. Tiene dos estatuas: la de Pelayo y la de Jovellanos. Su nota característica, sin embargo, la constituyen esas chimeneas que llenan de humo el ambiente, esas chimeneas de las fábricas de alambre, de vidrio, de loza, de otra porción de industrias.

Barcelona, Bilbao y Gijón. Por este orden pueden colocarse nuestras tres grandes poblaciones fabriles. Y cuenta que no por

ocupar Gijón el tercer lugar, cede relativa-
mente en importancia á las dos primeras.
Hay que tener en cuenta que sus colegas
son capitales de primera clase, favorecidas
por el elemento oficial, y sobre todo por el
regionalismo, mientras que el puertecito
asturiano se «ha hecho» con sus propias
fuerzas, y en el orden administrativo no
pasa de ser «un pueblo». Hay que consul-
tar, sin embargo, las estadísticas de pro-
ducción y apreciar así lo que trabaja. Sus
numerosas fábricas mantienen un núcleo
obrero de gran entidad. Es una villa hon-
rada y laboriosa, que merece que en las altas esferas gubernamentales se la mire con
más cariño y atención del que se la consa-
gra. En Madrid se la cree sólo una estación
de verano, y precisamente lo que menos resulta es veraniega, por lo mismo que es una
ciudad con medios propios de vida.

XXVIII

La niebla del puerto.

XXVIII

LA NIEBLA DEL PUERTO

Salimos de Gijón, de regreso á Madrid, á las tres de la tarde de un día claro y limpio, manteniéndose el horizonte azul. Así caminamos algunas horas, bañado el compartimiento por el sol, y así penetramos por el puerto, disponiéndonos á gozar de sus majestuosas bellezas, á la dulce media luz de la caída de la tarde.

De pronto, pasado Puente los Fierros cuando todos los excursionistas comentábamos el encanto de una casita aislada allá en lo hondo de un barranco, borra el paisaje bajísima y pegajosa bruma blanca que envuelve el tren. Es la niebla, la famosa niebla del puerto en que nos hundimos. En verdad que yo no sabía hasta ahora lo que era niebla. Esta que atravesamos es tan compacta, tan cerrada, tan espesa, que no se distinguen las casetas de las estaciones, ni menos las de los guardavías, ni aun la locomotora, ni la cola de nuestro convoy. Óyese hablar á los empleados, con voz muy tibia, apagadísima, cada vez que nos detenemos; pero no se les descubre. Ha debido comenzar el crepúsculo. A través del velo que nos rodea, luce una cosa amarilla, muy pálida: es una linterna encendida que debe sostener en la mano ese bulto negro, confusamente acusado en sus contornos. El color gris claro se trueca en ceniza oscuro. La locomotora pita, y apenas repercute el silbato. Ya no se ve nada.

Bajo el cristal de la ventanilla, y me asomo. El ambiente es glacial y tan húmedo, que en seguida siento la cara mojada. Sacando la mano fuera del marco de la ventanilla, se retira en el acto cuajada de gotitas. Pero el vidrio atenuaba la bruma que ahora resulta más densa. Se palpa, puede cogerse, ensordece con su mismo absoluto mutismo. Diríase que produce ruido de oídos y horroriza pensar que esa niebla, que podría cortarse, oculta los terribles abismos, los precipicios, los desfiladeros. El tren adelanta silencioso, con precauciones,

á tientas como un ciego. Es un viaje aéreo
por la plena atmósfera en sus regiones más
altas. En esto acaba de oscurecer.

Y de pronto, bruscamente, como si se
salvara una frontera, como contenida detrás de una línea geométrica, desaparece
la niebla, y se sucede una noche serena de
verano, tachonada por multitud de estre-
llas fulgurantes. Se concluyó la montaña.
¡Pasmosa transición é inolvidable cliché este
último del viaje al principado de Asturias!

Jamás la vuelta al hogar madrileño me
pareció tan triste, y es, que tal vez como en
ninguna otra parte, he encontrado en la tierra asturiana, que atrás dejamos, satisfe-
chas mis dos grandes pasiones: el arte viejo y la naturaleza dulce. Dos meses son poco
para conocerla á fondo, pero es bastante
para amarla, para que no se olvide nunca.
El cuerpo sigue en el tren, el corazón se ha
quedado en la última casita del puerto!

Agosto-Setiembre de 1894.

ÍNDICE